# 翰笙著译文丛

二〇一八年七月 邹家华

# 抗战以来

邹韬奋 著

生活·讀書·新知 三联书店 生活書店 出版有限公司

图书在版编目 (CIP) 数据

抗战以来 / 邹韬奋著 . -- 北京 : 生活书店出版有限公司 , 2018.10
ISBN 978-7-80768-209-7

Ⅰ . ①抗… Ⅱ . ①邹… Ⅲ . ①政论－中国－民国－文集 Ⅳ . ① D693.09-53

中国版本图书馆 CIP 数据核字 (2017) 第 232144 号

文丛策划　邹嘉骊
责任编辑　杨学会
封面设计　罗　洪
责任印制　常宁强
出版发行　生活書店 出版有限公司
（北京市东城区美术馆东街 22 号）
邮　　编　100010
经　　销　新华书店
印　　刷　河北鹏润印刷有限公司
版　　次　2018 年 10 月北京第 1 版
2018 年 10 月北京第 1 次印刷
开　　本　787 毫米 ×1092 毫米 1/32　印张 10.75
字　　数　170 千字
印　　数　0,001-4,000 册
定　　价　52.00 元
（印装查询：010-64052612；　邮购查询：010-84010542）

韬奋重庆留影（1941 年）

韬奋参加鲁迅逝世三周年大会（1939 年）

韬奋在武汉与沈钧儒（右二）、薛岳（中）等合影（1938 年）

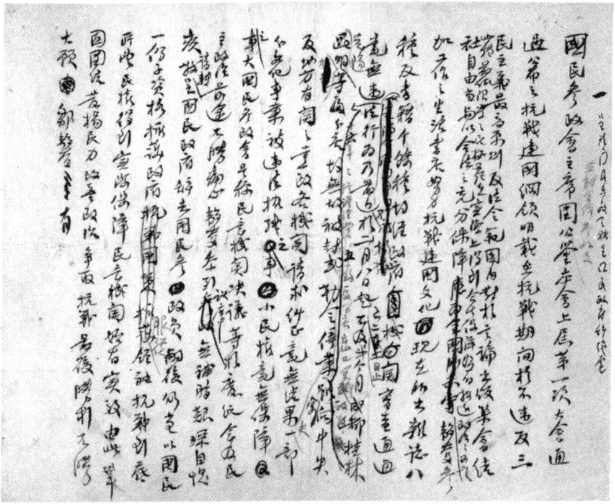

韬奋请辞参政员电稿（1941 年）

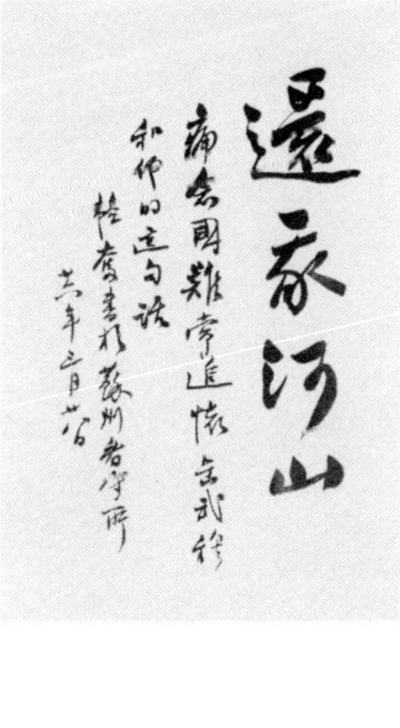


韬奋在看守所题词
“还我河山”（1937 年）

《抗战以来》初版书影

# 写在前面

“韬略终须建新国，奋飞还得读良书”，郭沫若为韬奋图书馆拟写的嵌名联，今天仍挂在韬奋图书馆的门口。今年适值三联书店成立八十五周年，经邹嘉骊先生提议，我们合议出版一套“韬奋著译文丛”，以纪念三联书店创始人韬奋先生。

韬奋先生倡导的“竭诚为读者服务”宗旨，开创的书刊互动的事业格局、前店后厂的经营模式，既是当年生活书店的特色，也是三联书店延承至今的传统。我们相信，纪念韬奋先生最好的方式莫过于读他的作品，传承与弘扬韬奋精神，最好的方式莫过于为广大读者提供一套能展现韬奋先生著译实绩和基本面相的代表作品。因此，我们精选其生前编订的别集，辑为这套文丛，希望既能反映韬奋先生文字生涯的基本面貌、韬奋思想的主要脉络，又适合普通读者购藏阅读。

淞沪抗战爆发以后，韬奋于1937年11月27日乘船离沪赴港，后又辗转经过广西，于12月16日抵达汉口。这就是韬奋自言的人生第三次流亡。1938年6月，韬奋被国民党当局聘为国民参政会参政员。10月，武汉沦陷前夕，韬奋转移到重庆。1941年2月25日，韬奋留下辞去国民参政员职务的电稿和致在野各抗日党派领袖的公开信后，悄然离开重庆，化装成商人，潜赴香港，这就是他的第四次流亡。应《华商报》之邀，韬奋撰写了这一连载长文《抗战以来》。《华商报》是范长江一手筹办的晚报，1941年4月8日正式创刊，每天出对开一张。《抗战以来》从创刊号开始连载，一天不间断，至6月30日止，共得文稿77篇。

在《序》和《开场白》中，韬奋开宗明义说明这本书的内容和用意，那就是以“一个平凡记者的姿态”，记录下自己在“政海漩涡”中所“亲目观察到的情形”，“意在以光明磊落的公开言论，唤起国人对于政治改革的认识和努力”，“用意也是积极的而不是消极的”。

从全面抗战爆发到辞职流亡，大约三年半的时间，是韬奋一生中唯一一段参与政治的时期，《抗战以来》就是韬奋对这段参加实际政治活动的追溯回忆和观察感想。追溯回忆重在记事记人，观察感想偏于思考评论。这两方面当然难以截然两分，在韬奋笔下，二者经常是杂糅在一起的。比如1938年春季应蒋介石之邀，和杜重远一起往赴蒋在武昌的寓所的晤谈经历，在本书第八节《领袖晤谈记》中主要是“记”，而接下来的一节《领袖与工具》，就主要是感触和评论了。随后的一〇～二九节为韬奋作为国民参政员参与抗战后国民政府组织的国民参政会期间的亲身经历，因其记者的自我定位，为我们留下了一份客观的观察记录和独到的评论总结。活跃在韬奋记录笔下的各党派的“来宾”，不乏广为人知的现代名人：中共的陈绍禹（王明）、秦邦宪（博古）和“五老”中的董必武、林祖涵（伯渠）、吴玉章等，青年党的“曾左李”（曾琦、左舜生、李璜），国社党的张君劢、罗隆基，救国会的沈钧儒、陶行知等（韬奋也是救国会代表），职教派的黄炎培，村治派的梁漱溟，教授派的罗文干、陶孟和等……介绍完这些现代史上名流闻人之后，接着对这些“来宾”的种种建议、提案，以及会上的激辩和“放炮”，也有详细介绍。因为出身新闻出版的职业关系，韬奋更关注保障人民权利的宪政实行，特别是保障舆论和出版自由的提案，奋力抗争的是“图书杂志原稿审查办法”，为此和“审查老爷们”进行的不屈不挠斗争，这些也都生动翔实地记录在册。

抗争的结果可想而知。生活书店的分店横遭摧残，书店负责人无辜被捕，这些事实让韬奋看到了国民党当局压制言论自由，摧残进步文化事业的卑劣手段，看清了国民党利用国民参政会伪装民主、反对宪政的内幕，所以他深有体会地说，“要研究中国政治，光看白纸上的黑字是不够的。要改善中国政治，光从条文上做工夫更是绝对不够的”，因为“表面上是一回事，骨子里又是一回事：这实在是中国目前政治上最重要的征象，也是我二三年来在中国实际政治这一部门的课程中所得到的最深刻的教训”。因此，面对皖南事变后愈加恶劣的政治生态，韬奋选择愤而辞职、孤身流亡。在辞职电稿中，韬奋沉痛地写道：“一部分文化事业被违法摧残事小，民权毫无保障之事大。国民参政会号称民意机关，决议等于废纸，念及民主政治前途，不胜痛心。”在留别沈钧儒诸先生的公开信中，韬奋再次申说此意：生活书店“十六年之惨淡经营，五十余处分店，至此全部被毁”，“实已至忍无可忍之地步”，既然“二三年来之实际经验，深觉提议等于废纸，会议徒具形式”，自然是“列身议席，无异自侮”，“故决计远离，暂以尽心于译著”。

尽管国民参政会的政治参与经历让韬奋看透了官老爷们的把戏，失望透顶，但他对全民抗战的决心和国家光明前途的信心并没改变，所以在《抗战以来》中，我们可以看到他热情讴歌“震动寰宇的民族战士”“自动奋发的千万青年”“沦陷区同胞的艰苦奋斗”“热烈爱国的千万侨胞”，大声疾呼“爱我们的祖国”：“如今我们的祖国还有着这么广大的爱国民众做她的基础，还有着那末无限的光明前途，值得我们爱，这不是更使我们够兴奋的事情吗？”

韬奋的亲身经历和客观观察，深刻独到的评论，以及奋斗精神和乐观情绪，赢得了海内外读者的关注和支持，《抗战以来》的连载引起了巨大的反响。连载完毕之后，华商报社出版部迅即汇编成单行本，于1941年8月上市发行。该书1946年再版，1947年4月刊行第三版，累计三次印数达到15000册，仍是供不应求，影响之大，前所未有。

华商报社版《抗战以来》编辑成书时收入76篇，删去了原第六篇《闹不清的“人民阵线”》，另加《序》和《附录》。此次发稿重排出版，选用华商报社版为底本，补加上旧版删略的《闹不清的“人民阵线”》。在编辑过程中，以保留民国著作语言习惯和作者别集原貌为原则，参校以《韬奋文集》和《韬奋全集》，除非确认为笔误或排校错误始加订正，有所变通处理者，则出以编者注。

本文丛和本集的编选成书，得到了韬奋先生的亲属，全国人大原副委员长邹家华、资深编辑家邹嘉骊的亲切关怀和大力支持，上海韬奋纪念馆、出版博物馆慷慨援手提供图片支持，在此表示由衷的敬意和感谢！

生活·讀書·新知三联书店
生活書店
编辑部

2017年9月

# 目　录

## 附录

# 序

《抗战以来》这本书的内容和用意，在第一篇《开场白》和最后一篇《关于态度和主张的补充说明》，都曾有相当的说明，现在有许多朋友和远道的读者都认为有印行单行本的必要，同时也有出版家有意出版这本书。在出版的时候，我愿在这里再写一些补充的说明。

我于今年二月廿五日离开陪都，三月五日到了香港。我在未到以前，已有几位朋友正在筹备《华商报》，于四月八日出版，要我写一篇长篇连载的文章，长江先生的鼓励尤为恳挚。我适逢《华商报》出版需文的机会，便贡献了《抗战以来》这篇长文，从《华商报》创刊日登起，至六月三十日登完，共得文七十七篇[1]：这便是《抗战以来》这本书之所由来。

这本书的写出虽似乎是“适逢其会”，但是我要写这样一本书的意思却早已蕴蓄在我的胸中。这原因有一部分已在《开场白》中说起。我到了香港以后，注意中国政治实况及抗战前途的朋友们都愿意听听我二三年来在“政海漩涡”中所亲目观察到的情形，我也曾就所知，撮要报告，但究竟零碎片段，不是整个较有系统的叙述，现在有了这本书，也许可以填补这个缺憾。

如同我这本书里所曾经提及，我的辞去国民参议员，意在以光明磊落的辞职行动，唤起国人对于政治改革的认识和努力，用意是积极的而不是消极的；我的这本书的写出，也意在以光明磊落的公开言论，唤起国人对于政治改革的认识和努力，用意也是积极的而不是消极的。我在这本书里所谈到的实况及所引起的问题，主要的是集中于说明要加速抗战胜利，政治实有迅速彻底改革的必要，都是可以公开提出讨论的；至于有关国防、外交、财政的秘密，不应公开提出

[1] 全文原有七十七篇，其中第六篇由编者略去，故存七十六篇。——韬奋出版社编辑部。一九四六年八月

的，本书都完全避免。但同时我们却都明白，政治改革实为一切改革的枢纽，这个基本问题能得到合理的解决，其他一切都可迎刃而解。

关于当前政治改革的主张，有三篇文章可供参考：一篇是我和几位朋友共同发表的《我们对于国事的态度和主张》；还有一篇是拙作《我对于民主政治的信念》；还有一篇是张友渔先生著的《我们需要怎样的民主政治？》。这三篇里所已说过的话，也是本书所要说而未说的话，所以就加在本书的附录里。

为着中国政治的光明前途，为着中国抗战建国的光明前途，我很诚恳地贡献《抗战以来》这本书。

韬奋记于香港。一九四一，七，十四。

# 一　开场白

我国的抗战在实际上虽开始于一九三七年的七月七日，但全面抗战的发动却在一九三七年的八月十三日。自一九三七年的“八·一三”到现在，如以本年二月底第二届国民参政会第一次会议的前夜为止计算起来，光阴似箭，已足足有了三年半，在这三年半的抗战过程中，在许多方面有看不少的进步，在有些方面也有人在努力把“意志”和“力量”都集中到开倒车，妄想要把历史巨轮拉向后转，这其间的悲欢离合，波谲云诡，令人在冷静沉默中回想起来，抚今追昔，实不胜其感慨系之。种瓜得瓜，种豆得豆，对于已往的检讨，足为将来的借鉴，所以我们对于这三年半来的追溯回忆，其意义不只是叙述前尘影事而已，实也含有积极的作用。

此外还有个事实使记者要还一种心愿似的。近来有许多热心国事的读者朋友们从海内外写了许多信来询问关于当前的种种问题，询问记者对于这种问题的观察与意见，询问记者和若干共同奔走国事共艰苦患难的同志们的近况，询问国内抗日各党派对于政治的意见，询问中国的实际现状与可能的前途，询问我们应该共同努力的动向和途径。记者虽在复信中略就所知回答，但纸短言长，每感未能尽所欲言，殊觉歉然，很想俟有相当机缘时作一相当详尽的总答复，以副盛意。现在《华商报》主笔先生督促记者著文应征，给予记者还却这个心愿的机会，这是记者所不胜欣幸，而不得不勉力有所自效的。

当然，在本文里所谈到论到的只是就记者所见到、听到、感到的说。我常把大自然当作一个大学校看，认为我们每一个人的一生都是在学习的过程中，我们应当以虚心学习的态度在这过程中作最大可能的努力，并且尽可能把学习所得公诸社会，扩大个人学习所得的成果。记者曾经根据这个原则，将在国外学习所得著成《萍踪寄语》和《萍踪忆语》，将在学校苦学，社会服务，及参加救国运动时期学习所得，著成《经历》一书，以贡献于国人。我国这次反侵略的神圣抗战时代，是历史上空前伟大的时代，也是最值得我们学习的极可宝贵的时期，抗战期中令人感奋令人警惕的种种事实都是我们的课程。我们对于这种事实的观察和研究，应该具着求真理的精神和客观的科学的态度，好像我们在学校里研究历史、地理、物理、化学等等的课程一样，我在这个伟大的学习时期和学校里，始终未曾离开文化的岗位，所以也许可以说我所选习的这是文化一部门，我愿以有关抗战建国文化这一部门的观察感想报告给读者诸友。但是我同时又在无意中得到参加国民参政会的机会，扩大了我所选习的课程范围，我所原来选习的文化，原是偏于政治性的，而由于参加了国民参政会，对于政治的实际内幕，更给我一种实际研究的机缘，也可以说是加习了政治这一重要部门课程，我愿以更直接地有关抗战建国的政治这一部门的观察感想报告给读者诸友。我对抗战爆发以前的救国运动，只是肩着一支秃笔去参加，战期中由于参加了国民参政会，得有机会与抗日各党派共同参加实际的政治活动，得到更多的实际的政治的接触。我也愿以有关抗战建国的实际的政治前途的观察感想报告给读者诸友。

有一位朋友看我要开始写这篇文章，和我开玩笑，说劳易·乔治曾著有《大战回忆录》出版，政治家大概都有什么政治笔记或回忆录问世。我说不要开玩笑，我不要说不是什么政治家，根本不是可以造成政治家的材料，我只是以一个平凡记者的姿态，拉杂写来和读者谈谈而已。不过有一点却不无遗憾，不得不先向读者说明的：外国的有关现实政治的笔记或回忆录之类的书每在著者死后问世，或在民主政治比较上轨道的环境中问世，所以说来少顾忌，记者不幸尚未死得其所，中国的政治环境也还未许尽言，而为着国际观听和国内情绪，有的事情也不得尽言，所以本文也只就尽可能可以公开谈起的提出来谈谈。还有一点也可附带声明的，记者执笔写本文时，遇有所检讨或批评，完全出于善意的诚恳的态度，以有益于国家民族为依归，决无意攻讦任何方面或任何个人。

## 二　发动全面抗战的基本条件

自一九三七年“八·一三”全面抗战发动以来的三年半中，如依我国政治中心的转移来说，可以分做三个阶段。自“八·一三”起，至同年（一九三七）十二月国民政府由南京撤退止为第一阶段，这一阶段约四个月。自政治中心迁到武汉至一九三八年十月由汉口撤退止为第二阶段，这一阶段约十个月。自政治中心迁到重庆至一九四一年二月底，第二届国民参政会第一次会议的前夜，为第三阶段，这一阶段约二年零四个月。这三个阶段，由四个月到十个月，再由十个月到二年零四个月，每一阶段都比前一阶段长，现在重庆仍继续为继续抗战中的陪都，这是竭诚拥护抗战国策的每一个同胞所感觉兴奋而快慰的。

本文为便于叙述起见，想依据这三个阶段的时期，就各阶段中值得提出谈谈或研究的事实，略加以编述或检讨。

在第一阶段中，与抗战最有重要关系的事情，莫过于民族统一阵线的形成，即全国精诚团结起来，一致在政府的抗战国策和领袖的坚强领导之下，反抗日本帝国主义对于中国的侵略。关于这一点，我可以连带谈到救国会的朋友们对于国事的态度。团结御侮的民族统一阵线固然是全国同胞的一致愿望与要求，也是在当时排除万难，不顾艰险，努力促进救国运动的救国会的中心主张。当时参加救国运动的朋友们所主张的停止内战，释放政治犯，实现民主等等，都是以形成全国精诚团结一致对外的民族统一阵线为最主要的对象。关于这方面，有一点值得指出的，是当时我们都认为领导全国抗战的责任非国民政府和领袖莫属，同时也都认为国民党在全国抗战的伟业中实居于领导的地位（详见当时救国会的重要文件及拙著《坦白集》及该书附录中我与沈钧儒、章乃器、陶行知诸先生所共同发表的《团结御侮的最低条件与要求》[1]一文)。这不仅是救国会少数人的意见，实是反映全国爱国同胞的希望。换句话说，我们是在拥护政府与领袖，以及爱护国民党的态度之下，对于国事的办法有所主张与建议而已。这一点所值得提出的，是这不仅是我和许多朋友们的过去的态度，也是我和许多朋友们现在的态度。在不违背抗战国策的原则下，对国事的改进有所主张与建议，这是一件事；拥护政府或领袖是一件事。这二件事是相辅相成而不是对立的。但是令人感到不无遗憾的，是有些人往往把这二件事对立起来。他们认为对国事有所主张与建议，便犯了反对政府或领袖的大罪。他们认为要表示拥护政府或领袖，只有歌功颂德之一途！这些人的这种态度虽不一定在口头上或文字上表示出来，但在实际上却使人感觉到他们有着这样的倾向。我们以为有功可歌有德可颂的地方，我们为国家民族庆幸，应该歌颂，而且也要自发地歌颂，但是我们同时却也坚决地相信，在不违背抗战国策的原则下，对国事的改进有所主张与建议，和拥护政府或领袖是并不冲突的。

上面所提及的民族统一阵线的形式，便是一个显明的例

---

[1] 准确文名应为《团结御侮的几个基本条件与最低要求》。——编者注

子。我想诸位总还记得，在当时这件事虽为全国爱国同胞一致的愿望，有些人仍昧于时代的要求，力持异议，关于“安内”与“攘外”的论争，盛极一时，可是在实际上只是对于国事办法上的论争，并不发生反对政府的问题。民族统一阵线形成之时，即全面抗战发动之日，全国各方面在政府抗战国策领导之下，一致为中华民族争取自由解放的伟业而努力奋斗，民族统一阵线的形成，实为全面抗战的基本条件，得到事实上的证明。这个重要基本条件的建立，不但不发生反对政府的问题，而且反而给予政府执行抗战国策以莫大的便利！

现在的形势与第一阶段时期的形势当然不同。在当时是要建立民族统一阵线，在现在是要巩固民族统一阵线。建立民族统一阵线是发动全面抗战的基本条件，巩固民族统一阵线是争取全面抗战最后胜利的基本条件。怎样才能巩固民族统一阵线呢？这是我们所应该加以深切研究的问题。

## 三　民主政治的初步展开

自一九三七年八月十三日全面抗战开始，至同年十二月国民政府由南京撤退止的四个月，作为第一阶段，在这第一阶段间，第一件重要的事情是民族统一战线的建立，因为这是发动全面抗战的基本条件，关于这一点，记者在上次已有过相当的说明。简单说来，民族统一战线的目的是在团结全国党派，动员全国民力，由此贯彻抗战国策。民族统一战线的目的既然是在团结御侮，对于领导团结御侮的国民政府、领袖和国民党，当然是拥护的，关于这一点，上次也已有过相当的说明。

为发动全面抗战，要把民族统一战线建立起来，为保证全面抗战的胜利，要使民族统一战线巩固起来。巩固民族统一战线的基础是什么呢？是民主政治。所以在第一阶段中，第一件事值得大书特书的是民族统一战线的建立，第二件事值得大书特书的便是民主政治的初步开展——具体的表现是国民参政会的前身国防参议会的设立，虽则这个表现还是非常薄弱的。

在进一步说到国防参议会以前，值得先提及的是立法院院长孙哲生先生在民国二十一年（即“九·一八事变”发生的第二年）十二月十五日所举行的国民党四届三中全会中所提出的“集中国力挽救危亡案”，因为他在这个提案中对于民主政治的开展与抗战国策的关系有着很重要的阐明。他在该案中首先指出：“今日最重要待决之问题，莫过于抗日救亡，然欲彻底抗日，必须内部一致，而欲内部一致，又必须彻底抗日而后能。”但当时“内部何以不能一致”呢？他在该案中进一步指出，认为实由于：“（一）为国内政派分歧，互相攻击，此缘于政治主张不一致，而政权未公开，言论无自由之故。（二）为国内军事力量互相疑忌，彼此牵制，此缘于中央与地方未能实行均权共治之旨，中央无适应民意之方针以领导全国之故。”因此对于内政，“为使全国人力集中，各尽其才，俾得内部相安，共御外侮，及调节中央与地方之关系，消弭一切内战计，除另订促成宪政召集国民代表大会办法外”，在内政上即须实行的事项，最重要的是：“切实履行本党保障人民集会、结社、言论、出版、居住、信仰各种自由之政纲，禁止一切非法干涉，滥行拘捕。”此外该提案中并郑重说明：“全国人民在不危害中华民国，不违反三民主义原则之下，皆得自由组织政治团体，参加政治。”

上段所引有着引号的话，均见中苏文化协会民国廿九年四月廿五日出版的《孙哲生先生最近讲演集》中所发表的该提案原文中语，该提案并且曾经国民党四届三中全会通过的。哲生先生是国父中山先生的哲嗣，是党国的重要人物，他的爱护国民党，爱护中国，希望国民党领导中国国民革命达于成功，这都是谁也不能否认的，但是他却强调主张“促成宪政”是使全国人力集中，各尽其才，内部相安，“共同御侮”的基础，强调主张“切实履行本党保障人民集会、结社、言论、出版、居住、信仰各种自由之政纲，禁止一切非法干涉，滥行拘捕”，强调主张“全国人民在不危害中华民国，不违反三民主义原则之下，皆得自由组织政治团体，参加政治”，这是非常值得我们注意的。这表示了什么？这表示了中国如要在实际上真能团结全国党派，动员全国民力，贯彻抗战国策，非真心诚意实行民主政治不可。这表示了真是忠实于国父中山先生遗教的人必然是要诚恳坦白地承认民主政治在今日抗战建国时期的特别重要性。这表示了实行民主政治以加强抗战力量，加速建国成功，不仅是在野各抗日党派及无党无派的主张，同时也是国民党中的贤明政治家的主张。这表示了有些人存着成见，一听到有人在倡导民主政治，便忙着给你戴上一顶红色帽子，说你是在附和共产党的主张，好像把国父中山先生的遗教及国民党中贤明政治家的主张都毫无顾惜地一笔勾销，是多么的无知和可笑。其实在一九三七年“八·一三”之后，国民政府即于同年同月集合全国各党派的领袖们组织国防参议会，在事实上承认了民主政治在抗战期间的重要性。关于这一段的史话，下次再谈。

## 四　参政会的胚胎

在“八·一三”全面抗战爆发后的最紧张的时期，国民政府即于同年同月（八月底）集合于全国各党派的领袖们组织国防参议会，这表示民主政治和抗战国策一开始就结着不解缘，而这种不解缘实根据于事实上的需要，实根据于民主政治与切实执行抗战国策的密切关系。

当然，国防参议会的本身实远够不上民主政治的这个美名，但是这件事实之所以值得我们提起，一则因为这是抗战与民主分不开的明证，二则因为它是国民参政会的胚胎，究竟是民主在抗战期间开始发展的小小萌芽。

这个国防参议会最初为十五人，后来屡次扩充，增加至二十余人，都是用当时国防最高会议主席蒋委员长的名义聘请而来的。国防参议会的主席即由国防最高会议主席兼任，但因蒋委员长一日万机，在实际上很难兼顾，所以会议当由当时的国防最高会议副主席（汪精卫）主持，由甘乃光担任秘书长，每次会议由秘书长召集，每周开会一次或二次。每次会议时，由政府派主管长官出席报告，国防参议会亦得要求政府派人报告某项事件。政府得将提案交该会讨论，惟所有决议须交国防最高会议通过后才付实行。参议员得于会议时用书面或口头提出建议，并得向政府提出询问，要求解答。

这个国防参议会，在组织及职权上，可谓简单之极。据说当时根本没有什么文字上的规定，没有什么组织条例，亦没有什么办事细则。职权亦没有什么一定的规定，至少有几位曾经参加过当时国防参议会的朋友告诉我，说他们从没有看见过什么条例或章则，连全体参议员的名单也未曾见过。所谓听取报告、建议及询问等等，只是想当然耳，也都没有一定的规定。由该会讨论决议提案，转达政府之后，国防最高会议是否采用，采用后实行的状况如何，也没有规定应有怎样向该会报告的手续，只是由代理主席的汪精卫把大家的意见口头转达给政府当局，有时也把政府当局的意见口头转达给该会同人，如此而已。所以有些热心的参议员，常就所曾经决议过的提案，屡次提出向代理主席追问，带给他不少的麻烦。据说每次开会时，总有二三个有关当时重要问题的提案提出来讨论一番，其中最重要的要算由政府交议的国民总动员大纲，但是该案经该会决议之后，久久未见有何动静，某参议员因关心此事的实行，曾向代理主席提出追问，他答复不得要领，又第二次向他提出追问，他又答复不得要领，又第三次向他提出追问，他又答复不得要领。当时也被政府派去参加国防参议会的某巨公背后对人讥笑这位参议员真是不懂事的书生，这样不惮烦地一而再再而三地追问着，实行怎样怎样干什么？

除了最重要的国民总动员大纲这一提案外，还有一件趣闻，有某参议员提出一个有关农村的提案，代理主席认为农村的农字含有阶级斗争的意味，极力反对，一定要把农村改为乡村，才算风平浪静，把这提案通过。中国人民有百分之八十以上还是农民，依上面所说的这个意思，大概都只要改称为乡民，便可“姜太公在此百无禁忌”了。

但是要说回来，国防参议会的组织和职权虽这样简陋，但究竟是抗战开始后民主政治发展史中的一页，而且在当时只是被作为咨询机关，如把民意机关相较，诚然要无一是处。不过检查当时参议员的姓名，却可看出，除国民党参加外，有中国共产党（未到）、青年党、国社党、第三党、救国会派、职教派、村治派、教授派等，含有团结各党派来参加抗战大计，共同为国努力的意思，这一点的作用虽并未得到充分的发挥，但仍然是值得重视的。

国防参议会本身尽管薄弱，但是它无论如何是抗战期间，团结与民主的巨流中的产物，指示着这个巨流的动向。我们认为它是抗战第一阶段中第二件重要的事情，原因也就在此。

## 五　共赴国难的党派团结

记者在上次谈起国防参议会，曾指出一个特别值得注意的要点，那就是在“八·一三”全面抗战刚爆发的同一个月的月底，政府虽在军务倥偬之际，仍注意到延揽全国各抗日党派的领袖们参加国防参议会（此外当然还有其他无党派的社会领袖们），这在事实上证明了党派团结与争取抗战胜利有着很密切的关系。

在“精诚团结共赴国难”的原则之下，中国共产党于民国二十六年八九月间发表合作宣言，声明“当这国难极严重民族生命存亡绝续之时，我们为着挽救祖国的危亡，在和平统一团结御侮的基础上，已经获得了中国国民党的谅解，而决心共赴国难了”。蒋委员长亦接着发表关于中共宣言的谈话，很正确地指出：“吾人革命所争者不在个人之意气与私见，而为三民主义之实行。在存亡危急之秋，更不应计较过去之一切，而当使全国国民彻底更始，力谋团结，以共保国家之生命与生存。”在同一原则之下，青年党、国社党、第三党、救国会派、职教派、村治派、教授派等，也都接受政府的延揽，参加国防参议会及后来的国民参政会，为抗战救国而共同努力。

青年党即以前常被人称为国家主义派，有十五六年的历史。国社党为国家社会党的简称，有十年左右的历史。第三党的原名为民族解放行动委员会。救国会派是以前全国各界救国联合会的产物，有六七年的历史。职教派为中华职业教育社以及与该社有密切关系的先生们。村治派为多年提倡乡村自治，曾在山东各处领导过乡村实验工作的先生们。教授派是若干主张接近的大学教授们，在国民参政会中更为显著起来。在国民参政会中还有东北派（东北四省的参政员），不过他们的联系似乎不如其他各派的密切，虽则他们对于收复东北失地这一点是一致特别坚强的。各党派的后面，或多或少，都有着他们的群众力量，各党派在共赴国难中团结起来，也就是把它们所代表的群众力量团结起来，在政府抗战国策及领袖领导之下，集中力量于抗战建国的共同大目标。

“抗日救国是关系整个民族生死存亡的大问题，所以只有集合一切人力、财力、智力、物力，实行全国总动员，才能得最后的胜利。”（见拙著《坦白集》附录中《团结御侮的几个基本条件与最低要求》一文。）就这个意义说，我们要达到中国民族解放事业的成功，必须团结全国人力共同奋斗，而不是仅限于全国各抗日党派的团结。但是全国人民众多，尤其是在教育尚未普及，一般政治意识比较薄弱的中国，必须有领导全国人民的团结轴心——构成民族轴心——加强团结人民在民族轴心的周围，才能完成民族解放这一巨大的历史使命。全国各抗日党派便是形成这个民族轴心，在这轴心的周围，加强团结人民到抗战建国的这个大纛下面来，共同奋斗。国民党是这个民族轴心的中心，蒋委员长是这个民族轴心的伟大的领袖。团结全国各抗日党派于这个民族轴心之中，只会加强这个轴心的中心力量，而不会减少这个轴心的中心力量。团结全国人民于这个民族轴心的周围，只会更加强这个民族轴心的中心力量，而不会减少这个民族轴心的中心力量。

本来政党是代表社会中某些阶层的利益，但是中国反对日本帝国主义侵略的抗战是全国各阶层的共同的要求，在这一点上有着全国一致的共同利害，所以造成全国各阶层的团结，因此也就造成抗日各党派的团结。此外还有一个因素，便是三民主义在中国目前这一个历史阶段，不是某一阶层的政治思想，而可以说是整个民族的政治思想。在中国当前的社会发展阶段，即令具有其他政治思想的人，不但没有反对三民主义的理由，而且为了推动中国社会的向前发展，反而要忠于三民主义的切实执行。因为民族解放、民主自由、民生幸福，是适于全国各阶层的共同需要的。我们了解了党派团结对于民族轴心的效用及在理论上的根据，便明白我们站在民众的立场，促进党派团结，并不是为着任何党派的本身利益，而是为着整个国家民族的利益，反过来说，凡是挑拨离间，破坏党派团结的企图，在实际上是在破坏民族轴心，也就是在破坏抗战的基础，这一点是应该严格指出的。

## 六　初期民运的宝贵教训

中国抗战真是伟大的时代！在“八·一三”全面抗战爆发后的第一阶段中（以政府退出南京为止），短短三四个月的时期里，就发生了在数千年数百年中所绝无仅有的事情。（如就全面抗战，一致对外反抗侵略这一点说，简直是在数千年历史上空前的事情。）例如我们在前面所已谈及的民族统一战线的建立，民主政治的初步开展，共赴国难的党派团结，虽到现在这些方面都还有不少的问题，有待于我们努力设法解决，以贯彻抗战国策，达到最后胜利，但是这几件事都在抗战第一阶段短短三四个月内放出了一点点曙光，确是无可否认的事实。在第一阶段的过程中，最后还有一件事值得提及的，是初期民运的宝贵教训。

在第一阶段中，军事方面最重要的当然是整整三个月的淞沪阵地战。这一场震动寰宇的抗战，坚定了国人抗战必胜的心理。摧毁了日军不败的信念，提高了中国的国际地位，固当归功于我军作战的英勇，但是同时由于当时在最直接的后方——上海——民众运动得到了相当顺利的开展，对于前方有了相当切实的协助（虽然还做得不充分），也是一个重要的因素。推溯当时民众运动方面对于协助抗战的工作所以还可得到相当顺利的开展，一由于上海党政军当局对于民众团体能不存成见，能开诚布公合作，二由于各方面的人力不因党派的不同而致被歧视甚至被排斥，都同样地可以参加工作。例如上海的地方协会，便是地方上原有的一个民众团体，并不一定要经过什么呆定的方式才许参加工作，该会便集中了它在平日所联系的工商界一部分的力量，对协助抗战工作尽了不少的贡献。又例如上海的一个青年最有力的自我教育与救亡工作的民众团体名叫蚁社的，该社包括的职业青年很广，普通商店店员、学徒、电器工人、开电梯、写字间工作者、海关、银行、铁路职员等等，都有不少人参加，办有图书馆、学校、歌咏班、旅行团、刊物种种文化事业，经费全是由社员自己负担，有许多工作（例如图书馆）是在夜间，工作人都是由许多业余青年自告奋勇来担任的。它在抗战第一阶段中也动员了不少职业界青年参加协助后方工作。除各界原有的民众团体外，各党各派以及无党派的其他工作者——编辑人、著作家、大学教授、中小学教员，都站在民族统一战线的立场上，都在拥护的大目标下，团结起来，在战争发生后不到一个星期，便成立了编辑人协会及文化界救亡协会，尤其是后者，对于救护、慰劳、宣传、动员、训练干部等等方面，都起了很大的作用。因为有了这样的基础，所以后来我军虽因战略退出了上海，上海民众的救国工作只是变了方式，更加深入，更加发展，并没有沉寂下去。

当时我们在党政军及各界民众团体代表联席会议中，可以看到各党派的公开代表参加会议，彼此交换报告，交换意见，推动工作。当时上海编辑人协会所主办的《文化战线》和上海文化界救亡协会所主办的《救亡日报》都包括各党派的热心文化工作者，在宣传工作和文化工作者的动员方面，都起了很大的推动作用。当时各民众团体的自发性与积极性不但没有妨碍政府的统一领导和指挥，而且还以平日原有的种种力量增加了政府的统一领导和指挥的效率。政府只须在无线电广播中宣布前方急迫需要什么，各民众团体便分头自动去动员，在一二小时或数小时内把数百件数千件的需要品就搜集完成送到前方去，是一件常事。

我无意歌颂当时的上海动员民众的工作，因为在事实上还有许多不满人意的地方，我只是要郑重指出当时有二个特点是值得我们重视，也就是在上面已经指出的，第一是肯运用民间已有的、自发的、确有了历史和群众基础的民众团体；第二是对于各方面的人力，无论它属于那一党那一派（当然以拥护抗战国策者为限），都让他们有工作的自由，并不加以歧视或排斥。这种在实际上团结一切力量于抗战的工作，对于抗战有利是无疑的。所可惜的是这种良好的作风，在后来并没有得到良好的发展，这一点在论到第二阶段再谈吧。

## 七　七个月两万人

自从国府于一九三七年十二月由南京撤退政治中心转移至汉口以后，踏上了抗战的第二阶段。当时虽上海、南京相继沦陷，民众对于抗战的信念并不因之有所动摇，在最初几个月内，民众对于加强组织和参加工作的情绪非常热烈，尤其是特别热情英勇的青年，他们的组织和工作更是一日千里，蒸蒸日上。尤其显著的是当时的“青年救国团”，在成立后七个月的发展中，竟拥有团员两万人！倘若这个青年自动组织的团体不在当年八月底“夭折”，依此速率发展到抗战四十八个月的今日，至少是十万人以上的有更伟大贡献于抗战建国的青年团体。在上海、南京失陷以后，有许多爱国青年从平、津、京、沪各地流亡到武汉，联合武汉当地的青年，进行或参加各种救国工作，根据实际成绩，慢慢地建立起这个最有群众基础的青年团体，对于政府的每一次号召总是热烈响应，切实工作。该团曾经提倡青年参战运动，鼓励青年投考中央各种军事学校及干部训练班，介绍过二三百个英勇坚决的青年到现代化部队里去当新战士，在豫东及第五战区作游击战的团员达七八千人。该团曾经努力参加后方各地动员民众工作，服务伤兵医院，在武汉及其他有伤兵医院的地方，该团的女团员组织了服务队，按时到医院去代受伤的将士写书信，向他们报告时事，为他们敷药，用歌咏或谈话来鼓励安慰他们。凡是有难民收容所的地方，该团的同志们就按时进去做宣传和教育的工作。他们在各地办图书馆，书报供应所，办民众学校，扩充原有民众教育馆，举办各种研究会、讲演会。该团的自发性和积极性，以及适合于抗战的工作，成为内容充实，发展迅速的主要原因。

此外如记者在前面曾经谈及的蚁社，在上海沦陷后移到汉口，也仍旧本着他们那种工作的积极性，兄弟般的精诚团结，作战似的紧张精神，恢复了他们的事业，并且吸收了武汉不少新的社员，包括了四五百个青年店员，成为动员商人的一个核心。

再加上各党派的分子在进行筹备中的“救亡总会”已在推动民众工作的开展，各方面的文化工作者也在热心组织编著人的团体。含有许多学生群众的学联会，含有许多东北救亡志士与东北武装民众的东北救亡总会等等，都在事实上表现它们的实力与工作。我们知道汉口的战时首都只支持了十个月，但在最初几个月，民气的振作，抗战情绪的高涨，民众工作的活跃，实占抗战史中最值得回忆的一页。

但是在当年八九月间武汉正渐趋危急的时候，民众运动遭到了不幸的厄运。例如当局规定民众团体召集会员大会，须于期前三日呈请核准。我们知道，真有群众基础的团体，是由会员组织成功的，一切工作方针往往须由会员大会或代表大会决定以后执行。会员大会能否按期举行，对于一个团体的生存及其工作的进行，实有重大的关系。这个核准与否未可逆料的规定，在实际上不免压抑了工作的热情和效率。此外又规定各民众团体不得召集联席会议，开办训练班、讲习会等，都是使民众运动受到桎梏而无法发展的。甚至有几个最有奋斗历史、最有群众基础、最有实际工作的民众团体被无故解散，有十几个民众团体被无故勒令停止活动，这对于国家民族终是一个不幸的创伤。

我们承认民众运动须在政府领导之下统一起来，但是最重要的不是形式的统一而是真能把民众力量统一起来。因此凡是确有广大群众基础与救国工作表现的民众团体都应该准许它们继续努力，把它们的力量，纳在政府领导之下运用起来。民众团体的力量不是挂上几块显赫的空招牌，就能像奇迹似的发生出来的，必须有多时艰苦奋斗的干部与多时在实践努力中的群众；所以动员民众必须重视民间团体的力量，只须使其符合于总的抗战国策，而不必作细枝末节的限制，更不可随时解散。在当时不仅汉口犯了这个毛病，例如有友人从西安来谈起，该处确有广大群众基础与救国工作表现的十三个民众团体也被停止活动，当局却在极短时期内新成立五十几个没有群众基础的“民众团体”，这有什么用，大家是可以想象得到的。

## 八　领袖晤谈记

蒋委员长自从在第一届国民参政会第三次大会担任议长后，参政员和他晤谈的机会比较多些，但是多集体晤谈，所以说话的机缘并不多。我在这篇短文里所记述的却不是参政员和议长的谈话，而是在一九三八年的春季，国民政府迁移至武汉不久以后，有一次承蒋委员长约我和杜重远先生同往武昌他的寓所里谈话。我们约谈了三刻钟，比较地详细，所以值得一记。

我们同到蒋委员长公馆时，在外客厅里坐候了不到五分钟，当时看见等候接见的人已有二十个以上，围坐在一个长方桌的周围，我们因约见的时间已到，被引至内客厅，除我和杜先生外，在房角还有一位穿黑色中山装的职员，后来我们和委员长谈话时，他在手上的小簿子上记录着，才知道他是记录员。我们在内客厅里坐一会儿，委员长就微笑着出来了。我以记者的眼光对这位民族领袖全身端详了一番，见他剃着光头，容光焕发，两眼明锐，上唇蓄着一撮整洁的小胡子，身上穿着一套深黄绿色的哔叽绒中山装，脚上穿着一双黑漆皮的圆头的中国鞋。我和杜先生坐在一张长沙发上，委员长坐在长沙发的旁边略向前排着的一张单人沙发上。

当时我和杜先生都尚未被选聘为参政员，委员长首先很和蔼诚恳地详询我们各人的工作情形，并问及我们平日所敬佩的有若干什么朋友，乃至问到他们的姓名和职业，我所有的许多好友，大都也是杜先生的好友，所以我们两人对于这一点，可以说是出于“集体创作”，你说几个，我说几个，便算交了卷。

接着委员长首先对我们谈及的是研究问题须重视科学的方法，告诉了我们关于科学的方法所以重要的理由。其次他问起我们对于国事有什么意见，杜先生因为以前曾有机会和委员长作过较详的谈话，所以让我多说话。我所贡献于委员长最重要的一点，是希望委员长的重视他不仅是一党的领袖，而且是整个民族的领袖。我的解释是：他不仅要善用党内的贤才，同时还要注意善用党外的贤才。我反复郑重说明领袖的伟大不在事必躬亲，而在善于用人，能善用人，则各人的专长，集合拢来即成为领袖伟大力量的构成部分。我同时并谈到委员长既为民族的领袖，对于党外的人才，应该一视同仁，不因党的界限而有所歧视。

这些话在普通情形看来，也许不免交浅言深，因为我这回还只是与委员长作初次的晤谈，但是他既是我们所拥护的全国的领袖，他的一举一动都与国家民族的前途有着密切的关系，所以我也就顾不得人微言轻，尽我所能见到的，竭诚贡献一番。

我至今回想起来，我当时对委员长说的这些话，在今日的政治上还是有着它的重要的意义。当时委员长很注意地倾听，频频点头称是。

其次在委员长对我们的指示中，特别注重组织的重要。说了许多组织重要的理由，他说尤其是社会上的“知名之士”须注意到组织的重要。组织的重要，在原则上我们是无可否认的。可是我当时不明白委员长所指的是什么组织，所以未多贡献意见，只说国家便是一个大组织，而委员长便是这个大组织的舵手，我的意思还是注重民族领袖的责任更大于一党的领袖。

但是我们和委员长握别退出以后，我对于委员长所郑重提出的所谓组织，仍回旋在脑际，走出房门（出客厅）后，瞥见陈布雷先生适在隔壁房间里，我与陈先生在上海《时事新报》有同事之雅，他原是报界前辈，所以我便于征得杜先生的同意后，跑到隔室和陈先生又详谈一番。他的意思，委员长所提的组织，是指党的组织，他说委员长十余年来有个理想，要集中中国一切人才组织一个伟大的政党，由他领导起来。我问：据布雷先生看来，中共肯毁党加入吗？他说这确是问题，毛泽东第一个就不赞成。我问那怎么办呢？他说，那也希望除中共外，其他一致集合起来组织一个政党。

中国是否能够只有一个政党？这是一个值得研究的问题。

## 九　领袖与工具

我昨日写了一篇《领袖晤谈记》贡献给读者诸友，写完之后，意犹未尽，因为我想起有一位领袖所信任的要人对我谈过一段话，使我发生很深的感触。这段话在说的人当然衷心认为很正确的，所以毫无保留地对我说了，我现在所欲提出讨论的是这段话的内容而不是对于任何人有所批判，因此在这里对于说这段话的个人没有指明的必要。

他很诚恳地对我谈起他对于领袖的态度。他说他因鉴于领袖对国家民族所负责任的重大，所以他只一心一意地做领袖的工具，以减领袖的忧勤，领袖叫他做什么他就做什么，领袖叫他说什么他就说什么，领袖叫他写什么他就写什么，无条件地绝对服从，这位先生对于领袖的忠诚是值得敬佩的，但是他的作风却大有商榷之余地。

首先我们要指出的是，凡是爱护国家民族的人，没有不爱护国家民族的领袖，而况在坚持抗战努力建国的紧张时期，领导全国贯彻抗战国策的民族领袖，我们尤其应该竭诚爱护。领袖对国家民族所负责任的重大，以及领袖的左右要尽忠职守，以减领袖的忧勤，关于这些意思，记者都与某先生有同感。但是一味做被动的工具，好像自己没有了脑子，或虽有脑子而不用，虽有嘴巴而不敢说话，是否真能减领袖的忧勤，是否真正爱护领袖之道，实在令人不能无疑。所谓做工具，看你怎样解释，如解释得当，原亦无所用其反对。为社会服务，谋人类幸福，也可以说是做了社会的工具，做了人类的工具，依此类推，为整个民族争取自由解放的领袖也可以说是做了整个民族的工具，这样的工具在实际上是光荣的任务，虽做工具何妨？某先生的话所以令人听了不禁为领袖忧虑，为我国政治忧虑，为我国家前途忧虑的是，那样自居牛马犬豕的“工具”，流弊所及，可使领袖左右人才减少，奴才加多，那就不免造成太严重的问题了！

其实领袖的伟大，一方面在能真正反映全国多数民众的要求，尽其历史的使命，一方面在能善用人才以自辅，增强其执行历史使命的力量。倘若人人都以被动的工具为尽了辅助领袖的责任，抛弃了自己的脑子和眼睛，把领袖的脑子做自己的脑子，把领袖的眼睛做自己的眼睛，那就不但不能增加领袖脑眼的力量，反而加疲了领袖脑眼的力量，限制了领袖脑眼的力量，也就是减少了领袖脑眼的力量，这理由是很显明的。我们主张民主政治，正是要使领袖更能充分反映全国多数民众的要求，我们主张改善政治，善用人才，增强舆论及民意（都与言论自由有关）对于政府及官吏之督察，正是要增强领袖执行历史的使命。这都只会增加领袖的伟大，而不会减损领袖的伟大。

在另一方面，如果我们把工具解释为人才而不是奴才，那末我们却不免感觉到领袖的工具实在太不够，有大大增加的必要。这一点只要看领袖兼职之多，劳苦之甚，便可见一斑了。不久以前在重庆的时候，在外国记者朋友中有一位美国记者因要弄清楚委员长所兼任的许多重要职务，以备参考，他所开的单上已有十几个的职务衔头，还恐怕有遗漏，有一天来看我时顺便拿出来叫我补充，我又就所知加上了几个，其中党政军金融财政乃至教育（如中央政治学校、警官学校以及训练班等等）等等重要的机关，都拉领袖一手。但是在我补充以后，是否有遗漏，尚不得而知，我叫这位外国朋友再看机会补充吧。他当时一面朗诵着单上的衔名，一面充满着惊奇的面容和眼光，那神气是够人欣赏的！领袖的为国贤劳，一日万机，在我们老百姓只有感念不已，有何话说？不过正为国家民族而爱护领袖，一方面使人感到“工具”对领袖的尽忠之道似乎尚有检讨之必要，一方面又使人感到工具的太不够！最重要的，还是要把工具解释为人才，而不许变成为奴才。必须这样，才能真正减领袖的忧勤。

## 一〇 “请客”与民意

在武汉的十个月（廿六年十二月至廿七年十月）中，除开始几个月民众运动的蓬勃气象值得回忆外，在这个阶段中值得注意的要算似民意机关而又说不上民意机关的国民参政会了。民意机关应该是由民选而来的，参政会根本不是民选组成的，所以说不上民意机关，但是号称“国民参政”，又似乎是民意机关。无论如何，国民参政会在抗战期间民主政治发展史上，总比国防参议会进一步。国防参议员是由政府用“请客”方式请来的，国民参政员也是由政府用“请客”方式请来的，这一点在基本上并没有什么差异。但是同是“请客”，后者究竟有了一些进步，这确是事实。

如说国防参议会是小规模的“请客”，那末国民参政会可以说是大规模的“请客”。为什么有这大规模的“请客”呢？民国二十七年三月国民党临时全国代表大会决议说：“在非常时期，应设一国民参政会。”又同次会议制定《抗战建国纲领》，关于政治部分在第十二条规定：“组织国民参政会，团结全国力量，集中全国之思虑及识见，以利国策之决定与实行。”同年四月十二日公布又经六月二十一日修正的《国民参政会组织条例》第一条也明白指出：“国民政府在抗战期间，为集思广益，团结全国力量起见，特设国民参政会。”从这些词句看来，国民政府这次大规模“请客”，其原来的宗旨诚然是值得我们赞成的。

这次大规模的“请客”，来宾共定二百人，分为四类。第一类为曾在各省市公私机关或团体服务三年以上，著有信望的人员。第二类为曾在蒙古、西藏地方公私机关或团体服务者，有信望，或熟谙各该地方政治的社会情形，信望久著的人员。第三类为曾在海外侨民居留地工作三年以上，著有信望，或熟谙侨民生活情形，信望久著的人员。第四类为曾在各重要文化团体或经济团体服务三年以上，著有信望，或努力国事，信望久著的人员。“请客”的手续，是由国民党中央执行委员会决定名单，转请国民政府公布。第四类“来宾”在实际上包括各党派的领袖们（也有无党派的所谓“知名之士”），名额一百人，占全数之半。这一点表示政府在抗战期间对于团结全国党派的重视。看了上面的分类，“著有信望”或“信望久著”，似乎是很注重的，但是既为“请客”，要请谁，其权全在主人，所以究竟谁“著有信望”，或“信望久著”，全由主人自由决定。说句公道话，第一届国民参政会中所请到的“来宾”，虽在实际上到会的数目中几有四分之三是“主人”的“家里人”（主人是国民党，国民党参政员当然是“家里人”），但是当时名单公布的时候，一般社会上留心政治的人们所得到的印象还不算坏，因为人选里面确包括了多少为民间所信任的人物。换句话说，虽属“请客”，当时社会人士却多以民意机关期待国民参政会，这只要看当时各日报及杂志上所反映的舆论，便可知道。

至于参政员自己的观感呢？既然是“来宾”，而座中又有多数的“家里人”做“陪客”，当然明白“喧宾夺主”是不可能的，而且依“请帖”上的规定，虽有听取报告、建议、询问等职权，但决议案必须经国防最高会议通过才算有效，所以一开始并不敢存有什么真正民意机关的奢望。但是由于公布的宗旨再三郑重指出“团结全国力量”，“集思广益”，“集中全国之思虑及识见，以利国策之决定与实行”，同时所公布的人选中确有一部分包括抗日各党派的领袖们及无党派的社会上“知名之士”，在渴望实行民主政治以加强国力，甚于大旱之望云霓的今日，有此似民意机关的成立，在当时看来，也未尝不聊胜于无。而且在职权上虽很有限，远比不上什么民意机关应有的职权，但是只须发出“请帖”的主人对于“来宾”的建议，真在事实上把它切实地实行起来，那对于“非常时期”的国事还是可能发生相当效果的。因此在最初有许多被“请”的朋友都感到相当的兴奋，就是无意中被“请”的我，也怀着一腔热诚与希望，把自己看作努力代表民意的一分子，欣然参加，当初并未曾料到这只是一场幻梦而已。

# 一一 “来宾”种种

记者在上次把国民参政会的召集，譬作政府（或说得更确切些是国民党，因为请客名单是由中央执行委员会决定的）大规模“请客”，这实在不是记者个人的私言，而是被“请”的参政同人多数的公意。他们常在谈笑中说他们是国民党“请”来的客。既是“请客”，必有“来宾”，我们现在不妨来看一看“来宾”种种。

“来宾”中年龄最大者有七十多岁的老公公，年岁最小者有三十一二岁的小伙子。（“请帖”上规定，无论男女，必须年满三十岁的才够资格，所以不能再小了。）可是思想的进步或退步，精神的饱满或衰颓，态度的积极或消极，以及责任心的有无，正义感的深浅，对国事热情的厚薄，却不一定受到年岁的影响。在六七十岁的老前辈中，我们可以看到富有斗争精神，老当益壮的伙伴，例如最令人感动的有张一麐先生。他在会议中常能言人所不敢言，虽引起一部分“陪客”的不满，但毫不减损他的勇气。他曾在第三次大会开幕演词中大声疾呼：“精神集中，力量集中，除少数丧尽天良的汉奸外，必须以汉贼不两立为唯一目标，断不容于同受三民主义洗礼中，自相残害。……默察各地党政军各级人员，对于民众运动往往有所歧视。道路传闻，尚有假借取缔与指导名义，摧残合法组织，钳制正当言论，拘捕热血青年，致为亲者所痛，而为仇者所快。若任其摩擦，勇于私斗，必怯在公战，敌人与汉奸之所喜，即仁人志士之所忧，应由政府申儆全国。”这样至诚爱国的沉痛语，幸而是出于年高德劭的张先生之口，否则至少又要被人戴上几顶毫不相干的帽子了！又例如年近古稀的褚辅成先生，他老先生对于报告或提案内容看得那样精细，恐怕为全会同人所不及，他不但看得精细，而且想得精细，任何问题都不肯丝毫放过，即看到有一字一句的欠妥，也非立起来说话不可。他的嘉兴国语也许有人不全懂，但是他的不屈不挠抗争到底的精神，却是谁也不能不懂的！又例如躯体魁梧，美髯与于院长比美的张澜先生，虽高寿已达古稀，而气概却无殊青年，对于四川积弊在会场上尤其是口若悬河，气薄云霄，有一次在大会中认为领袖过于劳苦，不宜再兼四川主席，爱护领袖的至诚，溢于刚劲激昂的话语，坐在议长席上的领袖亦为之笑逐颜开，频频颔首。我们看见青年的纯洁英俊，深为国家民族庆幸，看到六七十岁的老前辈这样英勇有为，更不禁为国家民族快慰。

“来宾”中的老前辈也有极少数应该送入养老院而被误送到参政会的，他们已经老得走不动，出入都须有人挟扶着。甚至有的眼睛几乎已瞎，你走到他的面前，他简直不很觉得，因为他根本就在模糊中摸索着。

“来宾”中有的对提案有劲，对开口有兴，忙得可以；有的好像抱定永不提案永不开口主义，闲得舒服。大概做“陪客”的以省事为前提，趋向于闲的路线者较多，十足道地的“来宾”，往往多事，自讨苦吃。但是“陪客”也有不得不积极卖力时候，尤其是在审查会中有所争辩的时候，他们重要任务似乎是在“防御”工作。

有的“陪客”对“防御”工作无兴趣，闲得又不耐，于是常逃之夭夭，或一到即溜。如偶然被你撞见，他不是说头痛，便是说昨天肚子吃坏了，你反得安慰他，请他注意健康。

“来宾”中的女客虽只有八九位，但是她们的团结精神似乎较男客强得多，因为妇女问题成了她们的“统一阵线”的最巩固的基础。关于有益妇女的提案，无论是国民党的女参政员，或是共产党的女参政员，或是救国会派的女参政员，以及其他无党无派的女参政员，都紧紧地站在一起，彼此声援，争取胜利。有一次在内政组开审查会时，讨论到有些机关禁用女职员一案，女客一致对这类机关加以毫不容情的抨击。有一位国民党的男陪客轻微地说了几句有的职务也许确非妇女所宜担任，立刻有一位国民党的女陪客声色俱厉地责备他违反总理遗教，骂得他闭口无言。但是讲到其他的政治问题，女客中的“陪客”与十足道地的“来宾”却又要不免分道扬镳了。

## 一二 “来宾”中的各党派人物

如把国民参政会看作国民党大规模“请客”的话，在“来宾”中除了在实际上占着多数的“陪客”和若干无党派的客人之外，还有其他各党派的人物值得一谈。现在我想就新闻记者的立场，对他们略作客观的叙述，也许为注意中国政治者所乐闻。

中共有七位“客人”被请，即毛泽东、陈绍禹、秦邦宪、董必武、吴玉章、林祖涵、邓颖超诸先生。听说中共向有著名的“四老”，在这次“请客”中就被请到了四分之三，即董老、吴老、林老（还有一老是徐特立）。林老须发尽白如雪，但是面色红润，步履如飞，倘把他的胡子剃光，头发染黑，大可冒充二三十岁的壮年。常人总把“老朽”或“老糊涂”，和“老”字联在一起，这几位老老在政治上的斗争精神（指在参政会议场上的表现），实不让青年人。加上记者上次所提及的几位“老当益壮”的老前辈，中国老辈在世界上应执牛耳！邓先生为周恩来先生的夫人，国语流利清晰，声如金石，坚锐明快，起立演说时，无论座位远近，字字打入每一个人的耳鼓。她是“女宾”中最令人注意的一位。中共“来宾”中最尖锐的健将当然要推陈绍禹、秦邦宪二位。陈先生以“王明”著名，秦先生以“博古”著名，他们都只是三十一二岁的壮年人，灵敏坚毅，精锐深刻。毛先生未曾到过，记者也未曾见过，所以只得从略了。

其次青年党被请的有曾琦、左舜生、李璜、余家菊、陈启天、常乃德诸先生。余、陈、常都是教育家。讲到青年党的代表人物，一般常称“曾左李”，这的确是一件凑巧的趣事。曾国藩、左宗棠、李鸿章三位“大亨”曾极一时之盛，现在青年党也有了它的“曾左李”。朋友们见到他们时也往往称呼他们为曾公、左公、李公，以示尊崇。曾公善诗文，雍容雅度，沉着持重，对国事常能平心静气，把握症结而下恰当公平的结论。左公原为著名的历史教授，风行一时的《醒狮报》的文坛健将，每论政治问题，慷慨激昂，怒发冲冠。他是一位极富有正义的朋友，他谈起沈老先生（钧儒）总是慨叹着说："忧民忧国的沈先生；我实在替你担心啊！"李公是深沉的一流人物，思虑周到，不露声色，有人说李公有一肚子的谋略，而在表面上丝毫不露圭角。青年党的三杰，确有他们的特色。

其次，国社党被请的有张君劢、罗隆基、胡石青（最近在北碚因病逝世）、徐傅霖、梁实秋诸先生。张先生是在中国学术界及文坛上的一位老将，因为他和他的朋友们在中国建立的政党是称国家社会党，和德国的老希的政党，在名称上很容易混淆，但是如因此认为张君劢等于希特勒，那却是大错而特错！当印度的民族领袖尼赫鲁到我们的陪都的时候，参政会同人在嘉陵宾馆设宴请他，张先生席次刚巧在他的右边，记者在他的对面，亲自听到尼赫鲁微笑着向张先生问道：你的政策和希特勒的有什么异点？张先生连忙答道：不同！不同！接着他讲了一大篇大道理。其实事实很清楚，老希是努力侵略的，老张是努力反侵略的，出发点已根本不同。而且就个人的性格说，张先生对于政治的态度，我还嫌他太消极，我曾经对他说笑说："张先生！你是国家社会党的领袖，我希望你拿出希特勒的精神来！"（这里指的是老希的"勇往直前"的精神，绝对不是赞成他的侵略，请勿误会。）罗先生是国社党的少壮派，他是非常积极猛进的，他在第五次大会时，为着"五五宪草"的修正案，曾登台洋洋洒洒地发表了一篇动人的演词。他是政治活动中一个有力的人物，能说能写，有勇气，有精神。此外该党中人物的徐傅霖老先生，也引起我们很大的敬意。他的勇敢，他的艰苦奋斗的精神，都是值得我们钦佩的。在第四次大会时，有一夜开全体审查会，讨论实施宪政问题，他立起来老实说道："不取消一党专政，一切都是空谈！"他现在努力办《国家社会报》，是在极艰苦的情况下为推进民主政治而奋斗着。以他的老资格，做官本非难事，有所不为而后有为也，我敬以奉赠徐老先生。

## 一三　再谈"来宾"中各党派的人物

关于国民参政会中各党派的人物，记者在上次说过的有中国共产党、青年党和国家社会党被请的几位先生们。其次有个第三党，本来叫做民族解放行动委员会，也许名字太长，大家通常只叫着它的简名，所以叫做第三党，也许最初是指国共两党以外的一党。该党在第一届参政会中被请的只有唯一的一位，那就是章伯钧。章先生在会不大说话，除联署他所同情的别人的提案外，自己似乎没有什么提案，但是他对于改善政治却是很积极的，对于促进党派的团结他也曾费了不少的工夫。

其次要谈到救国会派的各位“来宾”。这方面有沈钧儒、陶行知、王造时、史良、张申府诸先生，还有一个“敬陪末座”的记者。关于沈、王、史诸先生的生平，拙著《经历》一书中曾有较详的介绍，想读者诸友都已知道，但是较近的状况，或者还有一些可以附带地说说。沈先生已高寿六十七岁了，但是因为他每晨从不间断太极拳，仍使他维持着原来的壮健体格，他和我们青年人走路的时候，仍然步履如飞，和我们没有一点两样。至于他为国贤劳的精神，左舜生先生所常赞叹的“忧国忧民的沈先生”，尚不足形容其万一。每有流亡青年来看他诉苦，他往往倾囊相助。有一次有一个流亡青年在严寒的气候中来看他，衣服单薄，行李无存，他老先生为之恻然，打开箱子，从自己仅有的寥寥数件衣服中，拿出几件来送给他，随着便在他自己的床上两层薄薄的棉褥中抽出一条给他。当时适在严冬，气候奇冷，有一位朋友的夫人发现老先生在床上垫褥这样单薄，看得太不过意，赶紧制备一床较厚的棉褥给他，和他约法三章，以后不可再抽出送人！我在《经历》中曾说“沈先生的全部生命都是至诚的爱造成的”，许多事实证明这句话的真确。他的唯一女儿天性至孝，言行纯洁，在我离开重庆不久以前，她忽然于莫明其妙中也受到“特务”青睐，出街购物回寓时竟屡有两位“不速之客”“追随”。沈先生虽知道他的爱女坦白无他，但是为避免麻烦计，决定叫她离开。可是这件事却叫沈小姐左右为难，她哭着不肯走，一定要随在她的慈父左右卫护他。老先生怒了，说你这样不像是我的女儿！（沈先生的意思是说他为救国而努力奋斗）。沈小姐问计于我，我说政治如能上轨道，老先生诚挚爱国，绝对无患，否则你就是日夜守着老父，又将如何“卫护”他？她后来无可奈何，忍泪走了。沈先生最爱他的女儿，但是尤爱他的国家。

王造时先生是我们朋友中最和平中正的一位，但是最近也因为“入党”问题而被迫丢了中山大学法学院院长的职务，说来话长，留在以后讨论到这个问题时再谈吧。史良先生或女士，还是如同以前同样的积极和奋发，她对男女平等提倡尤力，曾在参政会中为着这个问题和孔庚先生发生大辩论，史大姊声威更为大震。遇有参政员谈到女子出嫁的问题，她对“出嫁”二字非提出反对不可，认为结婚就是结婚，为什么要说“出嫁”？但是史先生自己的结婚问题却曾经为政治而发生过一次波动。她在蒋夫人所领导的妇女指导委员会中工作非常积极，于是有人向她进攻，说她未结婚而有了丈夫，实在是一个大问题！在实际上史先生早在上海结过婚，丈夫并未换过，不过未大请客罢了。蒋夫人为着工作顺利计，劝她再来一次，于是史大姊干了一次“宣告结婚”，我们几个朋友补吃了一顿喜酒，这却不得不谢谢造谣生事的先生们！

陶行知先生是我国最有艰苦奋斗精神的教育家，他在东南大学当教授时，记者还在小学毕业入中学的时代，但是他的精神却始终年青，他的爱重青年如同沈老先生一样。

张申府先生是以前北大的名教授，为华北救国会重要领导人之一，他对于罗素哲学有特殊深刻的研究，在参政会中也是一位知无不言言无不尽的“来宾”。

最后提到记者自己，毫无足道，“敬陪末座”而已。

## 一四　三谈“来宾”中各党派的人物

记者在上两次和诸位谈过国民参政会中的中共、青年党、国社党、第三党及救国会派的若干位“来宾”，现在想继续谈下去。

职教派是指中华职业教育社以及和该社接近的诸位先生们。该社被请的有黄炎培、江恒源及冷御秋诸先生。黄先生是提倡职业教育最有力的一位老教育家，他的样子好像永远不会老似的，虽已六十三四岁了，但看上去仍然和十几年前一样。记者在大学毕业后即被黄先生招入中华职业教育社襄助编辑的事情，深知此老的努力精神与处理事务的有办法。在各党派的朋友们聚会商量国事时，黄先生常能以他的精密的有条理的思考发表他自己的卓见，并对各人的意见作准确扼要的结论，所以我们常对他说笑话，说他是我们的“结论专家”。黄先生的学识经验，都为侪辈所钦佩。他老先生正义感勃发的时候，行动的胆量也不小，虽则因为他的经验过于丰富，有的时候，顾虑似乎多一些。他爱护国家，厚待朋友，操守纯洁，凡是与此老有过接触的朋友，没有不深深感到的。

江恒源先生也是我们所最敬重的一位教育家，他在思想上客观虚心，对事负责，对朋友恳挚，对国家民族是热烈的爱护者。他也是近六十岁的人了，原来体格很好，近二三年来因为爱女的身世增加了他的精神上的压力，头发渐白，血压增高，颇引起他的朋友们的忧虑。他的爱婿是在天空保卫祖国的健儿，在结婚不久以后，即常离爱妻为国杀敌，为空中最英勇的一位健将，不幸在保卫武汉时代为国捐躯，热烈爱国者的江先生，对爱婿的为国牺牲，固无所憾，但是人究竟是感情的动物，在另一方面念到爱女的身世，不免伤感，也是人情之常。我们为爱护贤者，并为中国教育及政治爱惜人才，希望他保卫健康，为国珍重。

冷御秋先生是军事专家，是江苏士绅中的前辈，与黄、江诸先生交谊笃厚，对中国政治有远见，你和他讨论中国当前的重要问题时，可以发现他不但对于军事方面有其真知灼见，而且对于政治方面也有公正而深切的见解。他的深厚的正义感加深了他们对于他的敬意。

其次，村治派被请的有梁漱溟先生（晏阳初先生也是提倡村治最力的一人，但是他对政治的兴趣似乎比较地淡薄，而且和梁先生也不是在一起的）。梁先生在五四运动时代，曾以其名著《东西文化及哲学》[1]一书一鸣惊人的，后来又曾在山东实行村治，有着他的一群学生和信徒，光着头，架着一副眼镜，两眼深沉的梁先生，我每次看到他的面貌神气，常想起甘地，觉得颇有相像之处。梁先生思虑深湛，态度沉着；自信力很强。他对国事常说要从根本处着想，根本不解决，枝节的暂时的办法，他是不感到兴趣的。这大概是哲学家性格的表现罢。

以前所谈过的党派，多少是有群众性的，即在他们的后面有群众；讲到所谓教授派，这一点是没有的，虽则他们各有他们所教的学生，但究竟是在散漫的状态，说不上什么党派的群众性，可是参政会中有十几位大学教授，尤其是来自昆明的教授居多数，他们因为平日往返比较地接近，对于政治多多少少有一些共同点或共同兴趣，于是在开会期间，他们每有他们的小组聚会，交换关于各种问题的意见，在提

[1] 梁漱溟著《东西文化及其哲学》，1921年初版。——编者注

案中互为声援，形成教授派的力量。尤其显著是在第五次大会时，关于“五五宪草”的修正意见。除救国会派及中共各有书面意见提出外，教授派也提出“修正草案”，其中在国民大会停会期间应设“国民大会议政会”一条，曾在会场上引起激烈的辩论。这一派的人物有罗隆基、罗文干、陶孟和、周炳琳、傅斯年、张奚若、杨振声、钱端升、任鸿隽诸先先。

最后谈到东北派的“来宾”，这一派的最主要的中心主张当然是“打回老家去”，谁敢露出不要东北的主张，即加以迎头的痛击。例如去年太平洋学会的中国代表在美国对此点不免失辞，曾引起他们在参政会中的愤怒。这一派的人物有莫德惠、杜重远、王家桢、王卓然诸先生等，虽则他们彼此间的联系似乎不及其他党派的密切。

## 一五　究竟怎样？

记者在上几次和诸位谈过“来宾”中的各党派人物，足见在国民参政会中除国民党外，在事实上确有其他党派的存在，因为各党派的代表人物明明是事实，不是可以随便捏造的。这样看来，党派似乎是已公开存在的了，为什么我们还常听到什么党派问题呢？为什么我们还常听到什么党派要求合法存在的呼声呢？这似乎是一个谜，但是我们如果不只是看表面而能明白实际的真相，便不难了解在中国目前政治上的这个谜。

在事实上国民参政会中除国民党外确有其他党派的存在，这并不是捕风捉影或白昼见鬼的事情，但在另一方面，“主人”在这个大规模“请客”中向来讳言党派，他们说在“请帖”上所规定的四类“来宾”中根本就找不到党派的字样。在第一次大会中（指第一届国民参政会）将行通过《拥护国民政府实施抗战建国纲领案》时，陈绍禹先生起立公开声明代表中国共产党热烈拥护政府实施《抗战建国纲领》，同时曾琦先生也起立公开声明代表中国青年党作同样的表示。但是随着就有好几位“陪客”先生们起来大作讥讽，说他们不知道有什么党派的代表，只知道代表国家。假使参政会可说是一种过渡的“民意机关”的话，勉强说参政员可以代表人民，似乎还可以马虎过去，至于代表国家的任务则属于一国的元首，不是参政员所能代劳的，这一点已经令人发生疑问，但我们在这里所要注意的却不是议员与元首职权之争，而是要指出在“主人”和“陪客”的心目中，除国民党外，其他党派似乎都在若有若无之间。你如果稍稍留意国民党党报和党刊上的言论，当能记忆自从“武汉时代”起，就口口声声强调所谓“一个党”，言为心声，既公开主张中国只许有“一个党”，那末其他党派都不许存在，自是自然的结论了。

但有人说约法中明明规定“人民有结社、集会之自由”，《抗战建国纲领》第廿六条也明明规定“在抗战期间如不违反三民主义最高原则及法令范围内，对于言论、出版、集会、结社当予以合法充分之保障”，所谓“结社”，即可指人民组织政治团体而言，法律并不禁止。而且“政府为应事实的需要，已经用换文的方法，承认三个党派的地位：最早是中国共产党，其次是国家社会党，再次是中国青年党”（见《中央周刊》陶百川先生著《党派承认问题的法律研究》一文）。这样还有什么党派合法存在的问题呢？但是我们不讲空的条文，或纸上写的黑字，我们要看事实。

实际的事实是怎样？在参政会里尽管有若干党派的人物在那里“参政”，而在各学校中的青年和政府各机关中的职员，却因党派的关系，或甚至并无党派关系而被疑有党派的，都在被排斥或甚至遇到更大的危险。这在群众较多的中国共产党、中国青年党及救国会派，所遭受的苦难也最酷烈。青年党领导人之一的李璜先生曾经告诉记者，他曾就学校青年中因有青年党关系的缘故而被开除的事实，列举面告蒋委员长，请求纠正，委员长也当面允许饬令纠正，可是同样的事实仍不断发生（也是李先生亲告记者的）。青年党另一领导人左舜生先生也曾将青年党党员中因党的关系而失业的事实亲告记者。中共的“来宾”告诉我们的这类事实更多。救国会派的青年和职员在“人民阵线”罪名之下被迫失学失业的也不可胜数。至于各党派办的刊物，尽管经过政府所设审查机关通过的，如《新华日报》及《全民抗战》等等，学校青年及一般公务员胆敢阅览，就是罪证！诸如此类的事情，简直三天三夜谈不完！

香港《大公报》曾于去年十月间登载重庆专电，说蒋委员长曾对赴渝视察的上海英文《大美晚报》主笔高尔德说，中国是要实行多党制的民主政治，我曾将这个消息加入《全民抗战》信箱答复读者的复语中，被重庆的审查先生用墨浓浓地完全涂掉。最近报载视察慰劳运动的渝市党委程朱溪在屯溪对新闻记者说："今日之中国，绝对不许容许有异党派之存在。"领袖之公开指示如彼，党委之公开宣传如此，究竟怎样，实使人如陷入五里雾中，无数青年及热心国事的人们便在这五里雾中遭到源源而来的无妄之灾。

党派团结不是党派本身的问题，实与改善政治坚持抗战有重要的关系（在前面已经说明过），所以这个"究竟怎样"的问题是值得严加考虑的。

## 一六 "来宾"的建议

大规模"请客"的"请帖"上说明"来宾"有三权，即听取报告权、询问权及建议权。听取政府施政报告，忙的是"主人"各机关的秘书科长们，因为他们要像学生大考似的做起报告，"来宾"只须一对听觉的器官健全就行，用不着什么准备。询问也比较地简单，口头询问只须临时想起什么问什么，书面询问也用不着洋洋洒洒的大文章，开个条子，凑上五人以上署名就行。至于建议便是"来宾"的提案，便比较地谨严而详细，要拟题目，要写出理由，要写出办法，最后装上“是否有当，尚希公决”的一套。在会期接近的时候，朋友们看见参政员，或参政员彼此看见，最容易脱口而出的问句是：“你是什么提案？”但却没有人问：“你有什么报告要听？”或“你有什么问题要询问？”建议之被重视，于此可见。

建议或提案之所以重要，当然不仅仅是它的本身，尤其重要的是真能切实执行，而且执行时必须符合其原议的精神。这几句话说来好像是常识中的常识，诸君也许要感觉到我的噜苏，但是表面上是一回事，骨子里又是一回事：这实在是中国目前政治上最重要的征象，也是我二三年来在中国实际政治这一部门的课程中所得到的最深刻的教训。可是得到这种深刻的教训是需要相当时间的实际视察和许多事实的参证，我在初作“来宾”的时候，对于这一点还不甚明了，所以对于建议和其他“来宾”一样，非常起劲，以为提案得到通过后是可能得到切实执行的，没有想到通过是一回事，实行又是一回事。更没有想到有的时候通过的提案竟可以得到反作用的结果！这暂且不在话下，且说初做“来宾”的我这个傻子，抱着满腔的热诚和希望，在第一次大会中就针对当时的迫切需要，冒冒失失地接连提出了三个提案。第一是

“调整民众团体以发挥民力案”，反映当时民众运动的一个迫切要求。第二是“具体规定检查书报标准并统一执行案”，反映当时文化界的一个迫切要求。第三个是“改善青年训练以解除青年苦闷而培植救国干部案”，反映当时多数青年一个迫切的要求。第一案中最重要的一点是对于“调整现有的民众团体”主张“只要在事实上不违反三民主义及《抗战建国纲领》，确有群众基础及救国工作表现的民众团体，政府都应该准许他们立案，承认他们合法的地位”。读者诸君只要回想到我上几次所谈到的当时民众运动所遭受的厄运情形，便可以明了这一点的重要性。这提案经过我与几位“陪客”先生的激烈辩论之后，算是通过了，但提案尽管通过，后来民众团体所遭受的厄运还不是一样？我现在回想起来，当时的提案是发傻，激烈辩论更是发傻，因为提案的通过不通过，和民众团体的命运是不相干的。多谈废纸堆里的什么提案，诸君也许要觉得枯燥乏味，在这里只是举一个例子谈谈，不想再多说了。

但是在结束以前，“忧国忧民的沈先生”在第一次大会中所提出的“切实保障人民权利案”仍值得“提”出来作另一个例子。他老先生对政治经验比我这样的后生小子当然是丰富多了，但是他当时也不免发傻，提出了这样的一个提案，下面撮述该案中的“办法”虽是被审查会“修正”后的内容，仍值得一读。有一条是：“除法律赋有权限之机关外，绝对不许拘捕、禁押、审判、处罚人民，以保法权统一。”有一条是：“通令各军警机关，除戒严时期外，不得拘禁审判非现役军人，非违犯军事法规之人民，现在拘禁中者，应即解送司法机关。”有一条是：“通令各军警机关，拘捕嫌疑之人犯，必须于廿四小时内解送审判机关。”有一条是：“凡非依法律手续逮捕者应立即移送审判机关。”有一条是：“通令全国查明现尚羁押之政治犯，予以释放。”有一条是：“通令全国严禁刑讯。”有一条是：“通令军警机关，凡人民团体及言论出版非依法律不得解散、封闭、扣押、没收。”够了，不再多举了。这提案不仅通过，而且经政府通令全国饬遵，但是我们如把随便举出的任何一条，和实际的情形比较比较，便可以断言要研究中国政治，光看白纸上的黑字是不够的。要改善中国政治，光从条文上做工夫更是绝对不够的。

## 一七 “建议”种种

我们在前面谈过“来宾”种种，“来宾”有建议权，现在想谈谈“建议”种种。

在国民参政会中，建议是用“提案”的方式来表现，这是大家所知道的。但是虽都叫做“提案”，因内容的不同，所遭的命运也有着很大的差异。大概最能一帆风顺的是“主人”已在做或已决定做的事情，或虽未做而已拟定形式的事情，装上提案的方式，在会中提出来。例如政府已在执行抗战国策，在第一次大会中有人提出《拥护政府长期抗战国策案》，那就无须讨论即可通过。又例如《抗战建国纲领》，原是国民党所已拟定而已经该党通过的，在第一次大会中有三个提案拥护实施这个纲领，也是很顺利地通过的。第一次大会举行于廿八年七月六日，是在徐州失陷以后，又有少数妥协投降分子正在播散毒菌，而政府与领袖仍在坚持抗战的时候，拥护长期抗战国策的提案虽只是重申现有的事实，但对于国际及全国的严正表示，却有着它的重要性的。民主政治的积极开展，实为团结全国更为巩固，争取胜利更可加速的基本条件，这自抗战一开始后，凡是没有顽固成见的人，都加以承认的。国民党拟有《抗战建国纲领》，正适合于这个需要。因此这两个提案都是在很热烈的气氛中，一致起立通过的。这表示政府只须能真正反映全国各抗日党派及人民的共同要求，执行领导权是易如反掌的。坚持抗战以贯彻救国，实行民主以巩固团结，始终是全国各抗日党派及人民的共同要求，实毫无疑义的。但是抗战不只是拖，我们必须加强国力作有力的反攻，实行民主不在口头或表面，而在乎实际，这是我们所须加紧努力的。

其次可以风平浪静中通过的是关于比较空洞，八面玲珑，不致得罪任何方面的提案，如《节约运动计划大纲》之类，因为节约的美德，大家省下一点钱，于公于私都不无好处，除举手赞成外，不必开口。尤其是这只是纸上的提案，一般薪水阶级所得的收入不够买米，节约无从下手，固然没有人再忍心说他们未曾切实履行节约，即大人先生们的迫切需要，牛油糖果等等都可由香港乘飞机直达陪都，其他奢侈品更不必说，没有人来管这样的闲事，也就没有切实履行节约的必要。

其次可以不致引起麻烦的提案是关于广泛地开发资源的提案，如开发工业农业之类，多开几个工厂，多辟几处农场，都是好事，对各方面都没有丝毫妨碍。有一次有一位女“陪客”的提案主张妇女统统都应该下乡种田，不但可以解决了妇女的失业，而且还可以大大地发展农业，这当然是莫大的好事，所以不分男女“来宾”，或男女“陪客”，都高高举着手，因为在两广等处的农村工作妇女，原来就在终年胼手胝足，不受到这类提案的影响。至于在城市中的高贵的太太小姐们，还不是仍然可以穿得花花绿绿，涂的红红白白，乘着闪亮的流线型汽车，招摇过市！

最困难最麻烦的当然是关于改善政治的提案，或指出实际的错误而欲加以纠正或改变的提案，这种提案无法不得罪任何方面，无法八面玲珑。例如《抗战建国纲领》中所规定的各条，都只是原则的说法，所以不致引起任何方面的反对，但是如就其中所规定的任何一条原则之下，举出具体的事实或情形，放在提案里面去，就要引起“陪客”们的激烈反对，或把内容改成完全失了原案的精神甚至相反。像我上次所提及的关于“保障民众团体以卫护民力”，“改善青年训练以解除青年苦闷而培植救国干部”等案，都在审查会中受到严重的打击，在极困难的情况下勉强通过，而且内容是经过一再修正的，要说成现状并不坏，只是已经进步，再求进步罢了。这的确是一件难事，要求进步不得不指出缺点，指出缺点就往往不免被人指为犯了“攻击政府弱点”的大罪，被人指为“挑剔政府措施”，认为“官吏就是政府，攻击某些官吏的措施失当，就是攻击政府，就是挑剔政府措施”，犯了反动的嫌疑！这是我亲自在某些“要人”面前领教过的高见，也是亲在参政会审查会中所得到的印象，绝对没有含着一点点“挑剔”的意思。这样的态度如不加以痛改，民主政治是不可能发展的。

## 一八　“来宾”放炮

国民参政员既然好像“来宾”，所以我屡次听到他们在私人谈话之间这样说笑着：“我们既然都是请来的客人，大家还是客客气气罢！”话虽然如此说，但是这样的“来宾”和寻常的客人究竟有些不同，有的时候为着国家大事，受着良心的指挥，不但要起来作激烈紧张的辩论，而且要放出大炮，像热诚爱国正直敢言的陈嘉庚先生在第二次大会中，曾经从三千哩外的新嘉坡放出一炮直达重庆！据军事家的估计，现在世界上最新发明的大炮所能达到的最远的射程，大概还不到四十哩，而陈先生的这一炮的射程却达到了三千哩，而且这个炮里所装的不是实弹而是纸弹，这才真是一个奇迹！

第二次大会已不是在汉口举行，而是在重庆举行了。日期是民国二十七年十月二十八日，当时正在广州失陷（同年十月二十一日）及武汉撤退（同月下旬）的紧张时候，政府和领袖仍在坚持抗战，有一部分妥协分子却又在散播毒素，汪精卫和他的虾兵蟹将已在公开讨论“和平”。他们的公开理由是天下没有不结束的战争，战争结束即是和平，中国与日本作战也必有结束的时候，所以“和平”不是不可以谈的。他们还有一种巧妙的烟幕，说“和平”只须看条件，条件如果有利于中国，日本如果允许完全撤兵，允许中国保全主权领土完整，为什么不可以接受“和平”？当时领袖在前方督师，汪以国防最高会议副主席、中国国民党副总裁及国民参政会议长的资格，在临时首都或隐或现地大放“和平”的烟幕，一大篇一大篇的演词和谈话登在党报上，根据官方“批评官吏就是反对政府”的铁的纪律，我们老百姓看了，于疾首痛心之余，无可奈何。比较认识正确的言论界朋友也有奋然执笔为文，想稍稍加以纠正的，但民意在言论不自由的情况下当然敌不过官意，有许多被检查先生扣留，登载不出。后来领袖公开指斥近卫宣言，指出汪所倡言的“和平”是“亡国的和平”“汉奸的和平”，在第三次大会中曾有“切实拥护蒋委员长驳斥近卫宣言案”及“拥护蒋委员长严斥近卫声明并以此作为今后抗战国策唯一标准案”，为全会所赞同。但在第二次大会时，领袖在前方督师，在后方的“副领袖”（当时汪是中国国民党副总裁及国防最高会议副主席）却凭借着他在党政军的地位，大倡导其“和平”。

国民参政会第二次大会就在这样乌烟瘴气的氛围中举行，汪“议长”当然是这次大会的主席。开幕之后，霹雳一声，陈嘉庚先生从新嘉坡来了一个“电报提案”（陈先生也是国民参政员，当时因事未到），内容极简，而意义极大。这个提案的内容只是这寥寥十一个大字：“官吏谈和平者以汉奸论罪！”这寥寥十一个字，却是几万字的提案所不及其分毫，是古今中外最伟大的一个提案！依“请帖”上的规定，任何“来宾”要提案，须有十二位“来宾”的联署，这个“电报提案”一到，在会场上不到几秒钟，联署者已超出二十位。于是名炮手陈嘉庚先生的这一炮，轰冬一声正式发了出去！

依向例，议长将提案付讨论时须将提案的题目向全会朗诵一遍，这次当然也不能例外，所以汪“议长”只得向全会高声朗诵道：“官吏谈和平者以汉奸论罪！”于是讨论开始，当时“陪客”中有几位“汪记”朋友当然要起来反对的，就是其他“陪客”居然也有人为“副总裁”起来辩护的，“来宾”中明白实际情形的，受良心的指挥，顾不得“批评官吏就是反对政府”的铁的纪律，奋然起来赞同这个提案的还是不少，结果似乎是加上了“敌人未驱出国土以前”的字样（大意如此，原来字句已记不清），“官吏”二字似乎也省去，终将提案通过。当汪“议长”高声朗诵“官吏谈和平者以汉奸论罪”时，面色突变苍白，在倾听激烈辩论时，神气非常的不安，其所受刺激深矣！

国民党有贤明的领袖，也不乏贤明的党员，我们绝对不因为国民党中出了一部分坏蛋而遂抹煞整个国民党，我们为爱护国家而爱护领导抗战建国的国民党，所希望的是要重视领袖在八中全会中所指示的“我们本身实在有许多的缺点和错误”，对民间的“种种批评，我们都要承认，都要接受”，不要文过饰非，不要讳疾忌医，不要把诤友看作敌人，更不要把民间的爱国言论自由看作洪水猛兽！

## 一九　忙得一场空

在国民参政会第二次大会中，除陈嘉庚先生从三千哩外放来一个惊人的大炮外，最惹人注意的事情也许要算“撤销图书杂志原稿审查办法以充分反映舆论及保障出版自由”一案的获得大多数的通过。但是这件事的后果却不是一件喜事，而是一幕悲剧。尤其使人骇异的是“来宾”中的“陪客”刘百闵先生在审查本案时宣言“原稿审查”办法的实行是根据我在第一次大会中的提案！这真是天晓得！我真绝对梦想不到我在第一次大会中的那个提案竟会发生这样的反作用！我得郑重声明，我在第一次大会中的那个提案没有一个字提到什么“原稿审查”，我现在还提出这一点来说，是顺便举出证明参政会的决案不但通过是一事，实行是一事，有的时候还可发生反作用的，真是难乎其为“来宾”了！

因为这件事有关舆论的反映和出版自由的保障，与整个文化运动有重要的关系，所以有较详细讨论的必要。我在以前曾经提及过，在第一次会议中曾提出“具体规定检查书报标准并统一执行案”，这并不是无病的呻吟，在当时有许多机关的人员，宪兵也好，警察也好，卫戍司令部的特务人员也好，党部的特务人员也好，军委会的特务人员也好，都可以随便到各书铺里去随便指那几本书是违禁的，随便拿着就走，没有收条可付，也没有理由可讲。有一次我亲眼看见有一位这样的仁兄到一个书铺里去，指着国母孙夫人所著的《中国不亡论》为禁书，要拿着就走，店铺里的职员对他说这是孙夫人对外国发表的呼吁国际朋友援助中国抗战文章的译文，他说不管内容援助不援助，他是来执行命令的，结果还是被他掠夺而去！这只是一个随手拈来的例子，诸如此类的事情很多。我在第一次大会中，所以有那个提案，就是要想纠正这种混乱的情形，但是据说却成了“原稿审查”的根据，你看冤不冤！

今日并没有人主张言论出版漫无条件的自由（《抗战建国纲领》即为共同遵守的原则），图书杂志与新闻消息有别，既有政府公布的原则以资遵循，又有法律以绳其后，出版后的图书杂志已不致有重大谬误，即偶有微细失检之处，亦可按现有的出版法及其关于言论出版的现行法规，在出版后加以纠正或禁止，不应因噎废食，使整个出版事业增加困难。

因此图书杂志原稿审查办法于廿七年七月底公布以后，即引起全国出版界及编著人的注意，商务、中华、开明、世界、生活等十余家书店联合具文吁请有关当局要求撤销该项决定。记者一方面以编著人的身份，一方面受全国最大出版家的嘱托，在双重感觉与认识下，在参政会第二次大会中提出了“撤销图书杂志原稿审查办法以充分反映舆论及保障出版自由”一案。我在这个时候还未认清“表面骨子脱节”的中国政治，以为提案如得通过，就有希望，所以用尽全副力量促成这个提案的“成功”。每一个提案原来只须二十位“来宾”联署就够了，我费了几天的工夫奔走接洽，居然得到七十余位“来宾”的联署，其中还有若干“陪客”，真够兴奋！我当时认为肯联署的人，即使有不很热心的，在会场上也应该不致起来反对罢（后来知道联署本案的“陪客”大受“主人”的责备）。这一提案在审查会及大会中都引起非常激烈的辩论，我虽在审查会中费了很大的力气争论，但在审查会中，“撤销”二字终被改为“改善”二字，这和原案的精神完全不符，所以我不得不准备在大会中作最后的力争（因为审查会的修正必须经大会通过）。在审查辩论时，“陪客”刘百闵先生说图书杂志原稿审查办法是王云五先生向政府请求的（刘先生当时系在中央党部主持审查的事，他为职务关系，不得不说话，这一点我们是应该加以体谅的），我不能相信，但觉得这一点太关重要，立刻打电报到香港询问王先生（王先生也是“来宾”之一，惟该次未到），在最后关头（指大会）的最后几分钟，接到王先生的回电如下：“国民参政会秘书处即转邹韬奋先生：渝冬电敬悉。图书杂志原稿审查，弟去年绝未向政府请求举办。反之，力子先生初长中宣部时，曾以应否恢复审查见商，弟详举窒碍情形，力劝不可，兹当交通梗滞之时，如欲审查原稿，更无异禁止一切新刊物，或使新刊物绝迹于内地，窒碍尤多，务望先生等坚持撤销。幸甚！王云五江。”

我得到了这个电报，拍案叫绝，即在大会辩论时公开宣布，又得罗隆基、左舜生诸先生等桴鼓相应，竟恢复“撤销”字样，得到大多数的通过，震动了全会场。但是如今想来，通过有什么用？结果还不是忙得一场空！

## 二〇 审查与讲理

《图书杂志原稿审查办法》受到全国编著人及出版家的反对，“撤销”的提案在国民参政会中得到七十余人破纪录的联署，在大会中得到最大多数的通过。这种情形的后面所潜伏着的民意是“主人”所应该感觉得到的，所以在“重庆市图书杂志审查会”最初阶段的工作还保持着相当合理的态度，尤其是当时在中央党部方面主持这件事的刘百闵先生，有着相当公正的态度，现在刘先生已不在主持这件事了，但是在他主持时期，他的相当公正的态度，也可以说是讲理的态度，是仍然留人感念的。当时党部方面有人对于我在参政会中提出“撤销”一案，引起很大的反感，主张对于我所主编的《全民抗战》特别留难，他们大权在手，要对付我这样的一个老百姓，当然是绰绰有余的，但是刘先生却力持不可，所以未即对我开刀，我现在不是因为刘先生帮过我的忙（其实不能说是帮我个人的忙，而是帮文化工作的忙），我就拍他几句马屁，其实他的这种比较公正的讲理态度，确是值得我们“嘉奖”的。

当然，刘先生当时所担任的职务不能超出我们所反对的“原稿审查”的范围之外，可是这一点不是他的力量所及，我们也无意对他抱着这样的要求。他的讲理之处是在执行这个办法的时候，仍在可能范围内尽力为编著人及出版家减少困难，这和有些人一旦大权在手，便很大胆地作威作福，对老百姓“特别留难”，相形之下，我实在想送刘先生一把“德政伞”，或一块“德政匾”，以表示我们老百姓并不是不知好歹。刘先生当时对出版界公开声明审查工作当极力减少出版界的困难，所以为节省时间起见，原稿不必排后送审，可以草稿送审，定期刊不限定一次送审，可分数次送审，审查会对不通过的稿件须批明理由，星期日照常办公，以免耽搁审稿时间，这都是肯讲理的表示。老百姓的苦衷本来不容易为大人先生们所谅解，我们这班编著人的苦衷也不容易为审查先生们所谅解，例如我们办一种刊物，要办后不脱期，内容要能反映在时间上最近的问题或事实，我们把时间看得很重，不能限定什么“办公时间”，必要时常要通宵达旦地开夜车，而审查会的先生们并不能陪着我们不睡觉，他们是要讲办公时间和手续的，办公时间过了，即令你急得要死，也非等到明天不可，刊物往往就非因此脱期不可，或非迟几天出版不可，这是肯负责的编者所最感苦痛的事情。有一次重庆审查会发还我们稿子的时候，有一篇文章被认为有几句不妥，全文不许用，时已傍晚，我们的刊物当晚等着要排印，要和审查会“讲理”已来不及，我赶紧拿着这篇文章，飞跑地赶到青年会刘先生的寓所里找他，他刚巧出门未回，我由晚间八点钟等到十二点钟，他终于回来了，经我解释之后，他答应通过，我要求他在他的名片上写几个字让我转交给审查会，他照办了。这样一来，我们的刊物当晚就可以赶印，第二天才把刘先生的名片交给审查会备案，渡过了一个难关。虽当晚我们同事们赶来赶去，都不得好睡，但在精神上却是愉快的，因为我们都是讲理的人，刘先生以讲理的态度对待我们，我们是知道感谢的。

公道自在人心，有人自己倒行逆施，厚颜开口怪别人不给他“赞美辞”，在实际上他永远得不到“赞美辞”，只有令人闻之齿冷，有人肯讲理，他不要求“赞美辞”，我们倒不妨多送他几句“赞美辞”。我记得当时刘先生还举行了一个茶话会请编著界的朋友们，借此听听编著界的意见，有许多编著人出席，也有许多审查会的先生们来参加，大家老实爽快地交换交换意见。因刘先生有着讲理的态度，所以审查会平日在编著人方面也留有相当的好感，那天编著人方面对刘先生及审查会着实送了相当的“赞美辞”，记者也公开表示对于“图书杂志原稿审查”仍是根本反对，但对于审查会衮衮诸公在执行职务中的相当讲理，也诚恳地致了几句“赞美辞”。这不是虚伪的恭维，是有着事实根据的。诸君只要听到以后我们在审查方面所遭受的种种苦难，便知道这一个最初阶段是值得“恭维”的。

## 二一　老爷们高兴怎么办

刘百闵先生在中央党部主持图书杂志审查会的时候，还肯讲理，这是我们应该说的公道话，但是在他离开这个职务之后，重庆审查会便渐渐不讲理起来了。首先是在星期日只办半天公，送审查的稿子已不免搁积，后来索性星期日全天不办公，使定期刊物，尤其是周刊，发生很大的困难，因为比较有紧迫时间性的文章都受到影响。星期日不办公，原是各机关的通例，但是审查稿件的机关，为便利出版界计，只应实行轮班的办法，不应置出版界的困难于不顾。但是他们一定要实行星期日全天不办公，你又能拿他们怎样？我们办定期刊的人只有忍痛把时间性提早，减少刊物内容的精彩。要使刊物的内容能反映到最近的时间性，是文化工作所要注意的问题，在审查会的老爷们却觉得这是管他娘的鸟事！

空袭来了！我们做编辑的人，因为印刷所不能搬到山上去，而且要反映现实，躲在山上也不免隔膜，所以仍然在重庆城里埋头苦干着，但是重庆审查会的老爷们对于这一点是无须理睬的，他们的生命比什么人都特别重要，把办公处搬到高高的南岸山上去，于是依审查条例稿子隔日可以审查完毕索回的，要增加一日，而且稿子只许一次总送审，不得像以前那样可以分次送。这样一来，时间上又增加了好几天，但是文化工作的效率，在他们是次要或无关紧要的问题，你又能拿他们怎样?

以前稿子不通过的，除批示理由外，原稿附同发还，后来不通过的稿子不但“应予免登”，而且把原稿一概扣留，这样一来，原稿不在手边，批示的对不对，你无从作详细的检讨，就是你记得原稿大意，跑去“讲理”，他们原稿死不拿出来，你就是要“讲理”也无从“讲”起！依审查条例，并没有扣留原稿不许发还的规定；但是审查会的老爷们可不管这些，只须他们高兴，突然给你一个通告，说以后原稿不许发表的，都一概要扣留，你就得“绝对服从法令”，老爷高兴怎样办，就是“法令”，你既是老百姓，就得“绝对服从”，否则他们就要扯到“国家至上”的大道理上面去，你便成了该死的叛徒!

以前他们对于你送审的文章，认为其中有不妥的句子应该修改的，只在句子旁边用红笔划上红条，叫你自己修改（指出的对不对是另一问题），后来他们老不客气地拿起笔来替你修改，把你的原文用墨浓浓地涂得毫丝看不见，另外替你写上他们的高见，算为你的文章！你拿回这样的原稿以后，可以看到你自己的原文已在黑漆一团中消踪灭迹，记不起写了什么，而代替你的意见是审查老爷的高见！（究竟高不高，当然只有天晓得！）发表时，文章题目下面的署名尽管是你自己的，但是在实际上你却无异要代表审查老爷发表他的意见，而且要对读者替他的高见负责！文字究竟通不通，意思究竟对不对，都是你的责任！你要不“绝对服从”吗？那又要发生“不服从法令”的问题了！

审查老爷认为必要的时候，他可以把你的文章中随便删去几句，使你的上下文脱节，连贯不上，但你却须“绝对服从”，把上下文连贯不上的句子排紧。有些编者觉得这样太对不住读者，于是在脱节之处用括号注上（中被略）字样，也被审查老爷下令禁止。后来编者觉得审查老爷也许看到“被”字心虚，改注“中略”，表示审查老爷可不负责任，可能是编者自己荒唐瞎删的，但是审查老爷仍然心虚，非严禁不可，并严厉警告，说以后再敢故犯，当以不服从审查论罪，刊物没收，其实文章既遵命照略，正是小心翼翼地“绝对服从”“老爷命令”，不过仅仅对读者声明此处有“略”，免得文字不通而已，对老爷的“体面”似乎没有多大损失，但是老爷们一定要以不服从审查论罪，否则刊物没收，威风凛凛，你又把他们怎样？此外你如在刊物上登启事告诉你的投稿者（往往因无通讯地址，不能径复），说他的某篇文章“奉命免登”，也是犯禁的事情。我们找遍审查条例，没有禁用“中略”或不许声明“奉令免登”的规定（其实声明“奉令”应该大可增加老爷的“体面”），但是这都不足为根据，因为在上面已说过，老爷们高兴怎样办就是“法令”，老百姓就有“绝对服从”的义务！

## 二二　上山拜访审查老爷

法国投降应否同情？诸位突然看到这个问题的提出，也许要感觉到我是在开玩笑，因为法国投降有什么同情的价值？这还成为问题吗？但是我却为着这个应该绝对不成问题的问题，费了整整半天的工夫，跑了几十里的山路，和重庆图书杂志审查会的一位秘书先生作了一番非常激烈的辩论，办了一次严重的交涉，所以留下了下述的一个故事。

当重庆审查会尚在重庆城里办公的时候，我曾经有几次为着文章无故被“应予免登”的事情，亲自跑到审查会里去办交涉，要求审查老爷亲自出来讨论讨论，看谁的理由对，但是审查老爷总是羞答答地不肯露脸，只叫一位秘书先生出来应付。那位秘书先生辩得无话可说时，便一溜烟往里面跑，和审查老爷叽叽咕咕一番，再跑出来重振旗鼓，继续辩论。有好几次经过这样辩论之后，我总算都得到胜利，把原来要被送入棺材的文章救了出来，虽则那位秘书先生在辩论失败之后，仍不免悻悻然，不高兴的神气摆在面上。我的目的原不在取得他的欢心，只要文章能从棺材里救出来，便已心满意足，欣欣然跑回编辑室，虽汗流浃背，不觉疲劳。而且他们肯有人出来和我辩论，俾我有和他“讲理”的机会，这总是一件可以“赞美”的事情（后来连这样辩论的机会都取消得一干二净，详见后文）。

话说法国投降之后，有些人被希特勒一时的胜利冲昏了头脑，有些人简直向来就崇拜独裁厌恶民主，大夸张其民主失败独裁胜利的谬说，掩没了法国投降的真正原因。《全民抗战》有鉴于此，敦请了一位作家特著《论法国战败速降变更国体》一文，揭露真相，送审时被重庆审查老爷毫无理由地删去了最有精彩的部分，其中尤其重要的警句有：“法国投降是为了法国资产阶级的自救，也正是一国资产阶级在处境困难时必然达到的逻辑。法国既在战场上决定了国家的命运了，但资产者首先想到的当然是保护自己的财产和自己在国内的统治，如果能够保住这些，那比起空洞的国家的光荣，那是更有利的。何况法国人民已放出革命的信号了，首先结束对外战争，是比什么都重要。”这不是凭空悬揣的，该文被删的部分并引证：“据六月二十九日（一九三九）上海《密勒氏评论报》所载，法国在投降前几星期，是在极端危机中，法国已进入革命的边缘，那些日子中，有大批人民，及所谓左翼分子，并包括国会议员的被捕，就反映了时局的严重。同时法国统治者已和希特勒取得谅解，希氏已允诺法国资产者保有重工业，并包括军火托辣斯，我们同时也还听到，希特勒已允不占领里昂等几个重工业城市，这是现实利益呀！为了镇压国内革命，为了保有自己的财产，这些法国资产者便采取了速降政策。”

为了说明法国投降并非由于民主，必须揭出法国投降的真正的主要原因，但是关于最重要是这部分，却被审查老爷删除得干干净净。我觉得这件事非和审查老爷力争不可。这时老爷们已乔迁到高高的山上去，几十里山路往返非费半天工夫不可。我也顾不得许多，为着要救救这篇重要的文章，只得硬着头皮，搁开其他要事，披发入山！我去的时候是邀着同事徐先生同走的，一则因为我路途不熟，二则万一有三长两短，让他知道我的下落。我当时下了决心，如果审查老爷不讲理，自知理屈而仍要以官力糟蹋这篇重要文章的话，我打算赖在那里，死不下山，非救回这篇为许多读者所急迫需要的好文章不可。其实现在想来，赖在那里有什么用，你真是赖在那里，老爷们有的是宪兵、警察，他们随便下个命令，叫几个宪兵或警察来把你抓去，不是易如吹灰的事情吗？再不然的话，让你赖在那里饿死，对于他们更是功德无量的事情，因为多死了一个要求审查老爷讲理的编著人，以后便可以减少麻烦，便可以顺利地删文章，改文章，扣文章，岂不是一举数得的美事！但无论如何，我当时是抱着拼命的决心上山了。那个山的大名似叫“真武山”，好不容易爬上山顶，在一个辉煌宽敞的大寺里，找到了那一群狭路相逢的老冤家。谈到这里，篇幅满了，后事如何，且待下回分解罢。

## 二三 一大堆废话的激辩

法国投降应否同情？这可以说是一个万分愚蠢的问题，因为稍稍有世界正义的人，稍稍有志气的中华民族的儿女，一定认为这个问题的答案是绝对否定的，用不着费工夫作无谓的讨论。但是记者却因为要挽救一篇重要的好文章被人送进棺材，不得不为着万分愚蠢的问题，流了一身大汗，爬上重庆南岸的真武山，去拜访审查老爷们！

这件事在昨天已经谈过，且说我们（记者和同事徐先生）爬上了山顶，踏入老爷们藏身之所的大寺，他们发现我这样的一个“冤家”竟不惮烦地追踪到山上来了，仍由那位秘书先生来应付。我首先请他说明那篇文章里被删去部分的理由，他最初指出的是那里面有“阶级”的字样，很不妥当。我说法国是资本主义发展的国家，他们国内有资产阶级，也有无产阶级，是全世界公认的事实，这篇是研究法国的事情，为什么不可以用“阶级”的字样？他没有话说，但仍叽哩咕噜地说，最好不要用！我说就是国父中山先生在“三民主义”中也不讳言外国有“资本家”，资本家不是资产阶级中人是什么？国父中山先生在国民党第一次代表大会宣言中更明白说到“近世各国所谓国权制度，往往为资产阶级所专有”。为什么三民主义的中国发展到今天，作家研究法国的问题，提到法国的资产阶级都有人发抖，这是什么道理？

他更没有话说，一溜烟跑进去和审查老爷去商量一番，再溜出来，说那篇文章里指出法国的迅速投降是由于要镇压国内革命，是由于资产者要保全自己的财产，很不妥当。我说这是法国的事实，有什么不妥当？我告诉他上海英文《密勒氏评论报》是美国人办的刊物（那篇文章里引证了该报关于法国事实的记载），美国是众所周知的资本主义国家，该报编者至多是自由主义者，他们都不怕据实指出关于法国投降的这些事实，作为研究法国迅速投降的根据，为什么三民主义的中国一定要替法国的资产阶级做保镖？为什么三民主义中国的作家一定要对于国际上这类铁的事实闭拢眼睛说假话，以自欺而欺国人，让那些硬说法国的投降是由于民主的失败，以打击民主政治在中国的发展？

他又没有话说，又一溜烟跑进去和审查老爷去再商量一番再溜出来，说那篇文章指出法国资产者为了镇压国内革命，为了保存自己的财产，便采取了速降的政策，这实有意暗射中国的情形，所以很不妥当！我本来是在用全力抑住自己的气愤，客客气气地说话，记住沈老先生所常说的“主张坚决，态度和平”的格言，此时听到了这样的胡说，我自认养气工夫不够，不免有一点儿疾言厉色了。我很严正地提出抗议，我说法国投降是事实，但是中国政府和领袖是在领导全国坚持抗战，为什么我们分析法国的投降就是暗射中国情形，你的话实在是侮辱政府、侮辱领袖、侮辱整个中国的人民！

那位秘书先生究竟还是一个“好人”，因为我看见他的面色有点儿变，靠在桌边的十个手指都在发抖。我觉得可怜他，原谅他，我把严厉的声音改缓和了，我说我没有别的目的，只是要救救那篇重要的好文章。他略略静默了一会儿，又忽忽地一溜烟跑进去和审查老爷商量一番，再溜出来，嗫嚅着说，我们对于法国的失败，实在是应该同情的。我毫不踌躇地回答他说，即令我们对于法国的失败应该同情，对于法国的投降却绝对不应该同情，只有中国的汉奸对于法国的投降才表示同情！他听了只是沉默，没有什么话说，我想我们的一大堆废话的激辩大可以结束了，我声明审查老爷的“理由”既没有一丝一毫可以成立，那篇文章非全部恢复原状不可。他又略略静默了一会儿，悻悻然把那篇文章往桌上一掷说，你要登就登罢。当时天已近黑，我抓着那篇稿子和徐先生往外飞奔，脚下好像轻快得什么似的！徐先生边奔边笑着说，今天的大辩论可惜没有请许多审查老爷都来参加！

我始终还是感谢那位秘书先生，因为他至少还让我讲理，最后还因为理屈而肯把稿子掷还。这是他最后一次和我“讲理”，此后他永不再出来相见，换了一个完全蛮不讲理的所谓总干事。

## 二四　老爷与老百姓不平等论

我上次介绍给诸君的那位重庆图书杂志审查会的秘书先生，至今还使我钦佩和感谢他，因为他的意见尽管和我有出入，但是没有摆官架子，还允许我和他讲理，他发现理屈，还肯加以纠正。可是自从在真武山上热烈“讲理”一番之后，他每遇我去“奉访”，总是“公出”，换了一位蛮不讲理的所谓总干事出来敷衍。我有一次因为一篇稿子被无辜扣留的事情去“讲理”，他摆出十足的官架子，放出十足的官腔，发挥了一大篇的“老爷与老百姓不平等”的大“理论”！他的大“理论”中有精彩的警句是脱口而出的几句：“你和我讲理没有用！只有处于平等地位的彼此才可以讲理，我是主管机关，我说怎么办就要怎么办，你和我是不平等的，你不能和我讲理！”我当时和他始终是客客气气地“讲理”，但却听到他这一大篇妙论，真使人“出乎意表之外”。如果不是我亲耳听见，而由别人转述的话，我还是难于相信。和我同去的同事程先生，在旁听了也气得目瞪口呆，说不出话来。这样的坏蛋完全是高尔基所谓只有坟墓才能解决他的代表型的东西，当然是无理可讲，所以我们并没有和他计较，实行了战略上的自动撤退。

我和程先生带着很沉重的心境走出了老爷的衙门之后，沉默地向前走着。程先生是一位英俊有为，充满着正义感的青年工作者，他是一位最富责任心的助理编辑。我看他气愤填膺，感慨无极，我安慰他说，这不是消极的气所能解决的事情，我们在这种地方大可长长见识。这样的坏蛋只是中国一部分的不肖官吏的代表型（我说一部分，因为我不否认中国也有好的官吏，虽则好的官吏多处于无权的地位），比我们处境更苦的老百姓，遭到不肖官吏的残酷蹂躏而呼吁无门者实千百倍于我们所受的这样的欺凌，我们应该把这样的现象作为我们研究中国政治的一种材料。你听他说“我是主管机关”，这种“思想”就是脱胎于法国专制魔王路易十四“朕即国家”的名言。我们如稍稍注意各国民主政治的发展史，便知道直至十八世纪末叶，所谓“法律”，不是被视为“上帝法则”的解释，便是被视为统治者（君主）的“意志”。在昔君主专制时代，“朕即国家”，那时如说“国家至上”，在专制君主们看来，便在实际上等于“专制君主至上”！在当时的专制君主们看来，反对“专制君主至上”的人就是反对“国家至上”，成了“国家”的叛逆，罪该万死！专制君主“说怎么办就要怎么办”，便成了“国家”的“法律”或“法令”，蚩蚩者民，就有“绝对服从”的义务，那位总干事老爷厚着面皮说“我说怎么办就要怎么办”，你不要小觑了他，他的话在历史上是有根据的，就是以前专制君主的看法。

有这样伟大怀抱的官吏，根据“朕即国家”的“理论”而发明“我是主管机关”的新“理论”，在他们看来，如说“国家至上”，便在实际上等于“官吏至上”，反对“官吏至上”的人就是反对“国家至上”，也成了“国家”的叛逆，罪该万死！依他们的想法，“国家至上”既在实际上等于“官吏至上”，那末很自然地，官吏的“意志”便是“国家”的“法律”或“法令”，蚩蚩者民，也就有“绝对服从”的义务了！

我们都渴望中国获得自由解放。我们都明白中国的自由解放对于我们每一个人的福利乃至我们子子孙孙的福利有着不可分离的关系，所以我们对于“国家至上”的口号是至诚热烈拥护的。但是我们反对有些官吏——尤其是有些高级官吏——把“国家至上”来做护符，在实际上实行其“官吏至上”主义，把“绝对服从法令”来做护符，在实际上实行其“我说怎么办就要怎么办”的欺民政策。我们所以反对这些，因为这些与国父中山先生所倡导的“主权在国民全体”的民主政治冲突，因为这些与领袖在参政会所指示的“最有力最巩固的政治一定是建筑在民意之上”的原则冲突。这一点似乎是人所周知的常识，但是目前中国政治之未能如我们所期望的健全，像上面所揭出的那位总干事老爷所代表的态度，也是症结之一。我们对于这类暴戾恣睢的不肖的个人，无暇攻击，也不值得攻击，我们所注意的是这类不肖官吏所代表的政治上的恶劣倾向，这是我们所必须痛加纠正的。

## 二五　审查老爷对文艺的贡献

重庆图书杂志审查会的老爷们自从不再准许“讲理”以后，干了许多好成绩，受他们“主管”的编辑人和著作人在饮泣吞声的苦况下，却也感到了不少的趣味！有趣的具体材料太多，谈也谈不完，而且有许多材料没有带在手边，引证参考也不易办到，现在只就记忆所及，略举数件事做例子，借以证明老爷们对于文化工作的重大贡献！

首先想谈到的是地主“应予删除”。诸君听了这句话，请勿误会，以为审查老爷在那里热心实行土地革命，那是绝对不是的，他们是要在纸面上把“地主”这个名词删去。如其不信，有例为证。名小说家欧阳山先生著了一篇小说，题目是《农民的智慧》，里面描写一个伪军的司令叫做宋文楷的，说他是地主出身，审查老爷把全篇中的“地主”二字，用墨浓浓地涂得一团漆黑！文艺家描写人物原是要写得深刻，如今这篇小说里的这位主要人物被审查老爷这样用劲一涂，涂得读者看到这篇小说时，根本不知道这位主要人物原来是干什么的，这岂不是一件很糟糕的事情？但是顾到读者如何如何，这只是编辑人和著作人的事情，在审查老爷只要“涂”得痛快，读者如何如何，在他们看来大概也不外是管他娘的事。尤其使人看了啼笑皆非的是那篇小说里说了那位地主“有上五百亩田”，这“有上五百亩田”也被审查老爷用浓墨涂掉。又有一个地方说到这位宋文楷是“一个四十多岁的大地主”，不但“大地主”三个字被审查老爷用浓墨涂得非常周到，同时连“一个四十多岁的”这几个字，也被审查老爷在浓墨之下毫不留情，涂得干干净净，不但使读者看了不知道该篇小说中的这个主要人物原来是干什么的，而且连他的年岁多大，也摸不着头脑！文艺家对于人物的描写要深刻，审查老爷却非迫他写得糊涂不可！

依进化论的学说，人似乎是由猿进化而来的，但人类的心理和畜生的心理似乎有些不同，就这件事研究起来，即令请教世界上的心理学家，就人类心理学的观点看去，恐怕莫名其妙，即就畜生心理学的观点看去，恐怕也莫名其妙罢！你说审查老爷的心中怕阶级斗争，所以听见有人提起“地主”这个名词就战栗吗？但是这里丝毫没有讲到雇农或佃农要与地主斗争，只是说那位伪军的司令是地主罢了。老爷们的意思是说只有其他人等会做汉奸，地主也绝对不会做汉奸吗？除非审查老爷自己是地主，所以有这样的想法，但在略有常识的人都无法“绝对服从”的！说“有上五百亩田”，这又违背了审查条例的那一条？说有一个人活到了“四十多岁”，这又违背了审查条例的那一条？即退一步说，审查老爷根据那位总干事老爷所发明的新学说，“我说怎么办就要怎么办”，审查条例在老爷们是可以不在乎的，但无论老爷们有的是人类心理或畜生心理，为什么看见“有上五百亩田”或“四十多岁”就怕得什么似的？如说审查老爷刚巧也有“上五百亩田”或刚巧也苟活了“四十多岁”，但那篇小说里说的明明是伪军司令宋文楷，并没有扯到什么审查老爷，“我是主管机关”的老爷们又何必大惊小怪呢？这真是令人百思莫解。但是自从审查老爷们不再讲理以后，我们虽有种种疑问，却无法向他们请教，实在是莫大的憾事。助理编辑的同事问我怎么办。我说这类混蛋透顶的东西，我实在无法“绝对服从”，把这几处的原文照登出来，登出后如老爷们要将刊物没收就让他们没收罢，在这样“官吏至上”的情况下，我的编辑原已干不下去，要拉倒就此拉倒可也！

通常在刊物出版之后，审查老爷如发现对于他们的“法令”有未“绝对服从”之处，就要再下一道“法令”没收的，但是这次欧阳山先生的这篇名著发表之后，审查老爷们也许由于贤劳过度，精神不济，也许由于喝醉了酒，精神昏乱（听说重庆有的审查老爷正在喝醉酒之后，对稿子可以马马虎虎乱打通过的图章，可以保全不少好的文章，我却未曾亲自见过，无法证实，不敢肯定），对于“地主”，“有上五百亩田”，以及“四十多岁”等等的起死回生，并未发现，这总算是欧阳山先生的文星高照！

## 二六　审查老爷对文艺又有贡献

我昨天和诸位谈起图书杂志审查会的老爷们对于文艺的贡献还只限于“删除”的工夫，那种贡献还是有限的；此外他们对于文艺还有一种更伟大的贡献，那就是对于文艺家的名著不但有删除的本领，而且有拿起笔来瞎改的本领，任意添上文艺家自己所说不出的话语，或文艺家自己所意想不到的意思，这种伟大的贡献不但是空前，恐怕还可以“绝后”罢！

最近在报上看到政治部文化工作委员会曾于四月二十八日在重庆请了几位名作家开了一个很热闹的文艺演讲会。名文艺作家老舍先生也被请到，他讲的题目是《小说之创作方法》，里面有这样的几句话：“要使人物与故事有天衣无缝的配合，这要靠作家对于所有材料剪裁与自生，更要以生平所有的经验以烘托故事的真实。最后要清楚一切事物的环境与根源，对于所描写的故事，应如亲历般的熟悉。”我不是文艺作家，对于文艺不敢班门弄斧，也不是要在这里介绍什么文艺理论，我只是根据名文艺家的经验之谈，表示文艺创作的确不是一件容易的事情，由此更增加我们对于审查老爷们的大胆妄为的钦佩，更使我们深深地感觉到审查老爷们对于文艺确有罪不容诛的异常伟大的贡献！

我曾经和茅盾先生谈起这件事，这挑起了他的创伤的心情，感慨唏嘘地说，这里面的笑话实在太多，审查老爷们看到文艺作品中有用到“前进”的字样时，必须把它涂抹！

有用到“顽固”字样时，也必须把它涂抹！有时候他们看见“黑暗”两个字要赶紧涂抹，看见“光明”两字也要赶紧涂抹，都不许用！他们把文艺作品“修改”以后，往往和原作者的意思完全相反！改后他们在批示中常有洋洋洒洒五六百字的“指示”，发挥他们的“文艺理论”，虽然文艺家看了要作三日呕，或头痛三个月，但是审查老爷“说怎么办就要怎么办”，谁敢不“绝对服从”老爷们的“法令”呢？所以有人说中国既有了这样好的“文艺理论”，以后胡风先生的文艺理论文章大可“绝笔”了。

审查老爷们“修改”文艺名著的勇气，很足够引起我们的肃然起敬。试举一个有趣的小小例子。名文艺家沙汀先生著了一篇创作小说，题叫《老烟的故事》，被老爷们不知“删除”了多少，那里面描写到一个爱国青年被“特务”所追踪，恐惧烦恼紧张得很，他的朋友安慰他说：“现在救国无罪，你怕什么呢？”审查老爷看到有人说“现在救国无罪”，不以为然，拿起笔来加浓着墨把它涂个干净，换上这样的一句妙文：“这里又不是租界，你怕什么呢？”真亏老爷们想得妙，任何人怎么扯都不会扯到什么“租界”方面去；又真亏老爷们不但想得妙，而且脸皮厚得够，有勇气把妙文写下来给文艺家拿回原稿时尽量赏鉴一番。这只是一个小小的例子，但是由这样的例子所反映的环境，是值得重视中国文化工作前途者的深思。

依我们在上面所已略为提及的老舍先生对于文艺工作的见解，（审查老爷们也许要不以文艺家的文艺理论为然，而把自己的狗屁不通的“文艺理论”当宝贝，但是老爷虽尊，我们老百姓想到文艺理论时却不得不以文艺家说的话做根据，这却不得不请求老爷们特别原谅的。）小说的创作是“要以生平所有的经验以烘托故事的事实”，我们相信沙汀先生在他的那篇文艺创作《老烟的故事》里，是“以生平所有的经验以烘托故事的真实”，如今审查老爷心血来潮，忽然一扯而扯到什么“这里又不是租界”，我们初看起来，感到“千古奇观”，但仔细想想，审查老爷也许在这妙文中反映着他的“生平所有的经验”，不然的话，为什么他的脑海中找不到“救国”的印象，也找不到“救国无罪”的印象，而在他的脑海中留着最深刻的印象却是“租界”呢？我想来想去，觉得此中必有道理，我想这位老爷突然在此处有这样的妙意妙文出现，也许刚巧他是在那处“租界”里做过“特务”，或至少和那里的“特务”有过密切的关系罢！

好的文艺创作是多么辛勤培成的，但却遭到这样残酷的蹂躏，真可为中国文艺一哭！

## 二七　审查老爷对社会科学也有贡献

我前两次谈及图书杂志审查会的老爷们对于文艺的贡献，其实他们不仅是对于文艺有伟大的贡献，对于社会科学也有伟大的贡献！例如在各妇女运动的历史中都可以看到“妇女解放”的名词，这个名词在中国五四运动的时候就已风行一时，并没有人认为此中含有什么“大逆不道”的成份，但是中国进步到了今天，审查老爷们却有着新的想法，他们在你的稿子上把“妇女解放”一律改为“妇女复兴”，这不是世界上任何社会科学家所梦想不到的新发明吗？有人说这个新发明是审查老爷们用科学的方法从“民族复兴”这个名词推演出来的，实在有着他们的科学的根据，因为遇着“民族解放”这个名词，他们也要改为“民族复兴”。他们一看到“解放”这两个字，就想到“复兴”那两个字，所以不管在什么地方，“解放”非改为“复兴”

不可！我们知道在美国历史上有过“黑奴解放”这回事，如依我们的审查老爷所发明的社会科学的这个铁则，似乎应当改为“黑奴复兴”，这如被美国一千多万正在渴求自由解放的黑先生们看见，恐怕要吓得一跳，不免要误会我们是在主张压迫弱小民族了！这岂不冤哉枉也！根据国父中山先生的遗教，我们是绝对不肯干这种勾当的。所以审查老爷们的这种新发明恐怕只能在现状下的中国可以通行无阻，科学是有世界性的，这一点似乎还值得老爷们再加一番研究，不知老爷们以为如何？

我们在美国名记者史诺（Edgar Snow）最近出版的新著*The Battle For Asia*一书中可以看到他曾引证陈立夫先生说的话，说“中国没有阶级”（见该书第二〇六页），在尚须努力实现“平均地权，节制资本”的中国，是否已经成了“没有阶级”的理想的社会，这已是值得大家研究的一个问题，但即令退一万步说，中国已经成为“没有阶级”的理想的社会了，我们仍不能武断全世界上都已经没有了阶级，这一点应该是很明显而无须多费口舌的。但是对社会科学有特别贡献的审查老爷们不能同意！在他们所审查的《大众社会科学讲话》一书中（举一个具体的例子来说），他们就不许用“阶级”这个名词，该书的著者虽是一位社会科学家，但是在“官吏至上”无理可讲的情况下，只得“绝对服从”，可是又不能抹煞社会的事实和科学的真理，在万不得已中只得把“阶级”改为“社会集团”，例如工人阶级只得改称“工人社会集团”，农民阶级只得改称“农民社会集团”，这样才得把这本书通过。幸而中国的科学还不很发达，否则如有外国人把中国书译成西文，看到什么“社会集团”，不明白这是中国“社会科学家”的什么新发明，非埋头考据一番不可，这可以使外国学者敬佩中国学术的艰深，审查老爷们不但对中国的社会科学有贡献，而且还有提倡中国国际地位的功勋，这一点是更值得我们歌颂的。

讲到审查老爷们对于社会科学的伟大贡献，还有一段故事令人不胜感奋。上面所说的那本《大众社会科学讲话》中提到“社会主义的苏联”，在“苏联”这个名词上面加了“社会主义的”这个形容词，也引起了审查老爷的反感。他们认为“社会主义的”这个形容词“不妥当”，把原稿掷还，叫著者把它改一下！这却使该书著者万分为难，因为你心里赞成不赞成“社会主义”是一事，苏联在事实上是“社会主义的”却是普天之下所公认的事实，这怎么改才好呢？你在那上面加个“资本主义的”罢，固然与事实不符，你在那上面勉强加个“三民主义的”罢，也有问题；因为我们尽管是竭诚拥护三民主义者，但如硬把这顶帽子戴在苏联的头上去，苏联肯不肯承认，世界各国是否就肯跟我们叫，世界上各国的科学家是否肯承认这是真理，实在都没有把握。该书著者想了几天几夜，实在想不出“代用品”，而对老爷们的“法令”又不敢不“绝对服从”，怎么好呢？急则智生，他只得老实告诉老爷，说自己实在想不出，请求老爷代为想一个，自当“绝对服从”。过了几天，老爷也想不出，只得批示“姑准照刊”，该书著者看见“姑准”两字很不高兴，叽哩咕噜地说：“你们自己也想不出，还摆什么十足的官架子！”

其实审查老爷们在这种地方不但摆官架子，而且违反了“总理遗教”，因为国父中山先生在民族主义第一讲中就已明明指示我们说：“俄国在欧战的时候，发生革命，打破帝制，现在成了一个新国家，是社会主义的国家。”但是在“老爷与老百姓不平等论”风行的时候，你和他们讲“总理遗教”有什么用？

## 二八　审查老爷和舆论

在审查老爷们不讲理的情况之下，舆论界的艰苦困难是很难于想象的。我们在舆论界参加工作的人，当然希望自己的意见或主张可以得到审查的通过而发表出来，所以对于审查老爷的忌讳也时在留心避免，免得绞脑汁赶夜工写成的文章被送入棺材里面去，但是审查老爷们的忌讳往往出乎常理之外，不是人类的脑子所能预料得到的。试举几个具体的例子来谈谈。我曾于今年二月间写一篇“社论”，题为《舆论的力量》，里面的意思不但是原则的，而且在我们看来也是很平凡的。例如说：“无论那一个报，执笔写社论的主笔先生，只是个人，至多只是言论的若干位同人会议的结果，个人或少数人的言论何以可能发生伟大的力量呢？这绝对不在执笔的个人或少数人的自身，却在所发表的言论确是根据正确的事实和公平的判断，确能言人所欲言，言人所不敢言（这一点当然也还须有相当的客观条件），真够得上舆论，才能发生舆论的伟大的力量。”又例如说：“所以舆论这个重要的——也可以说是神圣的——宝物，不是有钱办报，有笔写文，就可以夺取到手的；也不是强迫任何人拿起笔来写出你所要说的文章，印在纸上，送到读者的手里，就可以发生什么舆论效力的。有钱有势的人尽管可以压迫舆论，收买舆论，乃至摧残舆论，但这些手段只是做到表面上像煞有介事，在实际上丝毫收不到所希冀的舆论的效果，因为舆论这个宝物也是奇物，真正的理论有如真理，无论如何是压不下去的！”由此得到的结论是：“言论固然可以发生舆论的力量，但却不是一切言论都可以发生舆论的力量。只有根据正确的事实和公平判断的言论，才可能发生舆论力量。”“我们要重视舆论的力量，我们更须知道舆论力量之所由来。”该文全篇没有指任何特殊事实，都只就原则研究，主要的意思都尽在上文引号中语（即该篇原文中语），但是不知为什么审查老爷却看了心虚，全文被扣留，批示的理由是“完全出于派系私利的立场”！说言论必须“确是根据正确的事实和公平的判断……才能发生舆论的伟大力量”，谁都不能否认这是一般的真理，为什么是“完全出于派系私利的立场”呢？难道说言论须不根据正确的事实和公平的判断才能发生舆论的伟大力量，才是大公无私的说法吗？说“真正舆论有如真理，无论如何是压不下去的”，谁也不能否认这是一般的真理；为什么是“完全出于派系私利的立场”呢？难道说真正的舆论不是真理，只有胡说八道是真正的舆论？说真正的舆论是可以压下去，天地间没有公理是非可言，这样才是大公无私的说法吗？但是在“官吏至上”的铁的原则之下，在审查老爷“我说怎么办就要怎么办”的金科玉律之下，这种极平常的道理都无从说起，审查老爷毫无理由地把文章扣留，已成为毫无足奇的事，这只是随手拈来的一个例子罢了。在他们看来，这是“贯彻政令”，谁敢反对这类不肖官吏的滥用职权，谁敢批评这类不肖官吏的作威作福，谁敢要求纠正这类不肖官吏的压迫舆论，摧残文化，便被诬为不顾国家的利益，好像“拥护”不肖官吏便是为国家的莫大利益似的！这是“官吏至上”主义者最喜发出的烟幕弹，我们真要改善中国政治的话，对于这种烟幕非把它揭开不可。

话说得远了，我们要转来续谈审查老爷的无理取闹。宪法学者章友江先生著有很有精彩的《比较宪法》一书，里面引有欧美宪法专家的话语，是由外国各名著中用引号援用了原著语句的，也引有国父中山先生的遗著中语。审查老爷对于有引号的名著原语，也随便加以修改，他们不但修改中国的作家著作，而且还要修改外国的名著原文！此外对于引用国父遗著中的语句，也任意删除！章先生取回原稿看后，觉得啼笑皆非，当面和老爷讲理既不可能，他特独出心裁，在原稿被老爷修改删除之处大加眉批，再送给审查老爷请求赐察，好像在纸上和老爷打电话似的。那些眉批真够幽默而有意思。例如遇到老爷对所引名著原文修而改之的地方，他眉批上说请审查先生注意，这不是他说的话，是外国学者某某名著中的原语，应否代为修改，请斟酌！遇到国父遗著中语被删除的地方，他又在眉批上声明，请审查先生注意，这不是他说的话，是国父遗著何书何页中语，应否删除听便！这样在纸上“打电话”有多少效果是不言而喻的，章先生恐怕是要白忙一番罢。

## 二九　进一步的认识

这几天我连着和诸位谈及的都是关于图书杂志审查会老爷们的“德政”，所举出的例子都是确凿的具体事实，但是因为所谈到的是许多具体的事实，容易使我们只见许多树木而不见整个的森林，把我们所应注意的大的对象忽略了。因此我觉得谈到这个地方，有几个有关“整个森林”的要点，似乎有提出来一谈的必要，并就此结束关于这方面的谈话。

首先要指出的是：我们的大的对象是要求整个政治的改善，而无意攻击任何个人。我们做新闻记者的对于各种消息都特别灵通，审查会的老爷里面有几个双料坏蛋的尊姓大名我们都一一知道，但是我们不愿公布任何个人的姓名而只指出审查老爷们对于压迫言论摧残文化的“贡献”；又例如那个“我是主管机关”的透顶混蛋，他的尊姓大名我们也是完全知道的，但是我们也不愿公布他个人的姓名而只指出他所发明的荒谬绝伦的“新学说”。最重要的还是他们只是整个政治未改善的情况下的寄生虫，政治未改善，即令一大堆坏蛋混蛋都成了滚蛋，接着仍不免有另一大堆坏蛋混蛋取而代之，我们所以注重的是要指出他们所代表的政治上的一种恶劣倾向而无意攻击任何个人，原因在此。

其次，在许多具体事实中提起审查老爷们所“删除”“修改”和“扣留”的内容，并不是咬文嚼字的枝节问题，而应注意老爷们在此中所反映的政治上的意义，这种政治上的意义是研究如何改善中国政治者所必须加以检讨的。例如领袖坚决领导抗战，是全国同胞所深信而不成问题的，但是同时还有人主张对法国投降应该同情，甚至认为批评法国投降就是暗射中国，这不显然表示抗战阵营中还潜伏有妥协主降分子有待于我们的肃清吗？最近到过中国视察的美国名记者Anna Louise Strong在本年三月份的美国*Ameriasia*月刊有一文论及中国，她说在重庆时政府中有一位高级官吏对她说，汪精卫虽去，汪的灵魂尚附在有些人的身上，这种“灵魂”的彻底驱除，不是政治上一个重要问题吗？一面忌讳“顽固”“黑暗”，一面惧怕“前进”“光明”，这种趋向，不是政治上一个重要问题吗？否认“言论应该根据准确的事实和公平的判断”，这不是政治上一个重要问题吗？否认“现在救国无罪”，这不是政治上一个重要问题吗？以上随手拈来的几点，都是根据最近几天所谈及的具体事实中审查老爷所反映的政治上的意义，这显然不是几个审查老爷发昏的问题，而是当前政治上有许多需要改革的问题。审查虽然是局部的事情，当然不能用来概括全部的政治，但是审查老爷们的反映却好像政治上的一个寒暑表，值得我们深切地注意，也是研究中国政治的一种重要的参考材料。讲到这一点，还可举出一个事情虽小而意义却大的例子。领袖在宣言谈话及在参政会致词中屡次倡导各党派精诚团结，是全国所共闻共见的事情，但最近几月来审查老爷们看见“团结”二字就害怕，把“团结”二字，不管用在什么地方，一律改为“统一”，有一篇送审的文章中有“党派团结”四字也被改为“党派统一”！其实必须精诚团结，然后才能真正统一，何必见“团结”而害怕，至于把“党派团结”一律改为“党派统一”，照向来“一个党”的主张看来，即等于“党派消灭”，这一个方针不弄清楚，正是“党派团结”的障碍，这种反映不是很显然地可以作为政治上的寒暑表吗？

我以前说过，刘百闵先生在中央党部主持审查的时候，是保持着讲理的态度，很得到编著界的好感，他并曾经延请编著人及审查先生们举行过茶话会，交换意见。后来他走了，情形便不同，有一次陪都的编著人自己举行了一个聚餐会，为力求团结起见，还邀请与国民党有关系的许多编著人，彼此交换编辑上的意见，其中谈到在审查方面的种种苦难，有人提议下次聚餐时请已公推的主持人（即下一次聚餐会主持人）《中央周刊》《反侵略半月刊》及《妇女共鸣》的代表（以上刊物都与国民党有关系）约请审查先生来参加，以便沟通意见，我们可以借此提出问题来商量，请求指教，审查先生也可以说说他们的苦衷，大家都赞成，但是后来听说党部方面对上述三刊物的代表教训了一番，不但以后这样聚谈的机会被取消，而且审查先生也不显露脸来开诚布公谈谈。所以我们也很可以看出，这是有关领导文化的整个态度，审查老爷们只不过是代人受过的可怜虫而已。

## 三〇　一段插话

《抗战以来》这篇连载长文和诸位相见已有三十次了，以前谈过的有关于抗战发动后的精诚团结，民主的初步开展，民运的初期蓬勃，国民党中贤明政治家的贤明主张，政府和领袖领导抗战国策的坚决，共赴国难的各党派人物的忠诚为国，审查会初期的相当讲理等等，同时也直率地指出种种应该改革的缺点，现在在转移笔锋到别部分以前，我要乘此机会写上一段插话，一则解释一些误会，二则申述我对于国事的态度。

因为我应《华商报》的特约，登载了这篇长文，有些人便认为《华商报》是我所主办的，甚至于说我到香港来就是来办《华商报》，这是与事实不符的。《华商报》的发起和筹备都在我到港以前，我都不知道，即在现在，我除了践约写这篇长文以外，也不在《华商报》担任什么工作。有些人有了上述的误会，缺了《华商报》要补那一期那一期，直接写信来叫我设法照补，也有人对于《华商报》的编辑及言论有所讨论建议，也直接写信给我，使我增加了一种意外的工作，我在已往虽都代为转交给《华商报》的负责人，但是这样转来转去，反而延搁，所以在这段插话里顺便提及，希望读者诸友赐加谅察。

其次我要谈起的是我生平对于国事或社会问题的言论，都是以光明磊落态度与世人以共见的，我对于自己所发表的言论当然要负责，但是却不能代别人或任何政党的言论负责。我自离开重庆到现在为止的时期内，发表的文字有辞去国民参政员电，《我对于民主政治的信念》一文（登在《世界知识》第十二卷第四期），及在《华商报》连载的《抗战以来》一文。承蒙有些朋友至今还在询问我辞去国民参政员的原因，还有人感觉到积极主张民主政治的我，为什么要辞去“民意机关”的一员的职务，其实那个辞职的电文已有扼要的说明，内容如下：

国民参政会主席团并转全体参政员公鉴：本会上

届第一次大会通过公布之《抗战建国纲领》明载："在抗战期间，于不违反三民主义最高原则及法令范围内，对于言论、出版、集会、结社自由，当予以合法之充分保障。"此种最低限度之民权必须在实际上得到合法保障，始有推进政治之可言。韬奋参加工作之生活书店，努力抗战建国文化，现在所出杂志八种及书籍千余种，均经政府机关审查通过，毫无违法行为。乃最近又于二月八日起二十一日止，不及半个月，成都、桂林、贵阳、昆明等处分店均无故被封，或被勒令停业，十六年之惨淡经营，五十余处分店，至此全部被毁。虽屡向中央及地方有关之党政各机关请求纠正，毫无结果。夫一部分文化事业被违法摧残之事小，民权毫无保障之事大。国民参政会号称民意机关，决议等于废纸，念及民主政治前途，不胜痛心。韬奋忝列议席，无补时艰，深自愧疚！敬请转呈国民政府，辞去国民参政员，嗣后仍当以国民一分子资格，拥护政府服从领袖抗战到底。所望民权得到实际保障，民意机关始有实效，由此巩固团结，发扬民力，改善政治，争取抗战最后胜利，不胜大愿。

我深信参政会同人在可能范围内已尽了最大的努力，但是参政会在职权上只是建议的机关，“决议等于废纸”，在参政会本身是无能为力的。至“无补时艰”是指我自己，看电文自明。

在《我对于民主政治的信念》一文里，我指出：“就国人所拥护的三民主义原则说，我们固然确信‘中国非民主不可’（亦国父语），即就中国在当前所亟待解决的几个实际的问题——有关整个国家民族的几个实际问题——除了真正实现民主政治外，也没有其他基本解决的办法。”如说我认为民主的要求实在是一切问题的中心，我确有这样坦白的主张，并无意于“隐隐约约”。我在那篇文里对于“新四军事件”有这样的几句话：“关于国共问题，从一方面说是军令军政的统一问题；从另一方面说，也必须在整个政治加强民主化的情况下，军令军政更能收到实际的功效。”我深信这几句话是切合事实的持平之论，我们要解决问题，必须面对事实，否则即作多方粉饰之论，无济于事。我在重庆无法“竭力阐发”这个真理，是无须解释的。

最后讲到《抗战以来》这篇文章，尚未结束，关于国事的积极主张，以后还要谈到。我以为除有关军事国防应守秘密，除了抗战国策不许反对外，关于政治上的应兴应革的问题，乃至一部分“公仆”的不良作风，言论界是可以提出讨论的。孙院长说我国是必然民主的，何部长对美播音演讲说我们已经是民主的国家了，这种最低限度的民主的讨论是应该可有的。美国舆论对罗斯福总统的严厉督责，并不妨碍美国的强盛，而只有增加美国的力量。英国正在积极抗战中，拉斯基和威尔斯对于英国领袖邱吉尔首相的督责，指出争取胜利，政府有种种应该改革的地方，事实的暴露和措辞的严厉每令人吃惊，不但英国报纸争载，香港英文报也时有转载。我们的抗战能继续四年，还能继续奋斗，当然有我们的种种优点，当然由于政府和领袖的坚强领导，但是要加速最后胜利的到来，在政治上必须有重要的改革。我们当然要拥护“国家至上”，但不能允许一部分不肖官吏借口“国家至上”以实行“官吏至上”，无恶不作，还不许老百姓说话。这绝对不是民主国家应有的现象，也不是爱护国家爱护领袖应有的现象。我们是要兴利除弊，增强国力，绝对不是消极，也绝对不是悲观。

## 附答刘百闵先生：

承蒙刘先生来信有所指正，不胜感谢，兹扼要说明如下：（一）即就刘先生自己声明，说他只是说王云五先生曾向教育部请求“事前审查”；“事前审查”和“原稿审查”在实际上是一样的。（二）刘先生说，“‘图书杂志原稿审查办法’系于五月（二十七年）公布”，与事实不符。按原稿审查办法系于二十七年七月二十一日第五届中常会第八十六次会议通过，并于二十七年十二月十二日第五届中常会第一零六次会议修正，可见绝对不可能在五月公布。如其不信，我这里有中央审查会盖有圆章的印刷品为证。刘先生承认在审查会中提及我在第一次大会中的提案，不过缓和语意，说我是赞成事后审查，据我所记忆，我当时还和刘先生辩论，声明我在第一次会中的那个提案并未谈及“原稿审查”，倘若刘先生只是说“事后审查”，我当时的这个声明岂非多余的？刘先生在这次赐教的信中说我“明明赞成事前审查”，这实在是毫无根据的话，但却足以证明，刘先生在审查会中对于上述一点的态度了。（三）我敬佩刘先生在执行职务时肯讲理，但却不是说“审查原稿”的办法合理，这是不可并为一谈的。（四）我对于审查会的批评都是根据事实，有关的作家都知道，不是我一个人所能捏造的。刘先生是我所敬重的一位朋友，我们私人友谊是很好的，但有关于公的事实，不得不略加说明，这是要请刘先生原谅的。

## 三一　震动寰宇的民族战士

我们要看到黑暗方面，才能消除黑暗，也要看到光明方面，才能扩大光明。我国抗战四年，且在继续抗战，当然有着我们的光明面。关于这光明面，政府和领袖的坚持抗战国策，固然是重要的因素，而前线民族战士的英勇奋斗，在极艰苦的环境中为国挣扎，不仅引起了全国同胞的感念，增强了全国同胞对于抗战胜利的信心，而且震动了全世界，引起了全世界对于中国的敬意，这是中国抗战史上最光荣的一章。美国海军上校兼著作家卡尔逊（Major Evans F. Carlson）

在我们的淞沪战役时就担任美国政府特派在该地的军事观察家，后来亲眼看到我们在台儿庄的大胜仗，又在华北奔波数千里，目睹我国军队的对日作战，在他最近出版的*Twin Stars of China*一书里，根据他在各战场的视察，对中国的民族战士备极推崇。他说淞沪之战已足证明二点：（一）中国已下决心为她的独立而战，而且中国军队，确有战的能力。（二）日本的军队全部，自日俄战争（一九〇四至〇五年）后，被世人视为可怕的军队，经中国一打，降到了第三等的地位（见该书三一页）。他很深刻地指出："中国军队从前不被外国军人所重视，因为它在组织、训练和设备各方面都低劣，并且因为在内战时代它的军事领袖可把它出卖给对方，留下不好印象。但是这次对日抗战的英勇坚毅却使外国观察家大为惊异，恢复了中国军队的荣誉。内战是一件事，抵抗威胁国家独立的战争又是另一件事。好几年来，土地辽阔的中国人民已在发展着民族的意识，最近的发展是达到了它的成果。"卡尔逊已被外国人，尤其是美国人，视为能了解中国的权威，他的判断引起了国际上最深刻的印象。这不是偶然的，这是我国的民族战士的血的斗争换来的。我们追念已往的胜利，期待将来的更大的胜利，都不得不对我们的民族战士致无限的感念和希望。无疑问地，他们是中国抗战最主要的基干。

尤其使人不能忘的是中国的民族战士最英勇，也最艰苦。记者曾于民国二十七年九月间和几位朋友从武汉往赣北德安一带战场慰军（当时武汉文化界一部分朋友决定推派代表分赴保卫大武汉各战场慰劳抗战将士，我和几位朋友被派往这一带战场）。一方面看到士兵及伤兵的艰苦，一方面听到许多令人兴奋的关于民族战士的英勇故事。我们在途中可以看到三五成群蓬首垢面的伤兵负着伤勉强支撑着走，他们走不动时便倒在路边，辗转于来往的轮辙之间，有的自知无望，便尽着所有的力量爬到田里，结束最后一息，为祖国贡献了最后一滴血，为祖国贡献了整个的生命。我们的动员不够，增加了民族战士所处环境的艰苦，这是一件莫大的憾事，在另一面，我们的民族战士在怎么艰苦的环境中，为着保卫祖国，保卫同胞，却不畏难，不怕死，留下了许多可歌可泣的故事。奉令坚守任何据点的将士，若无退却命令，虽至全体殉职，也不肯后退一步，这种作战精神真是可以动天地，泣鬼神！在前线退下的伤兵，如果是由枪打伤的，他们觉得这是光荣的创伤，很高兴地对你说明经过的情形，因为被步枪打伤，这表示他们是在最前线对敌人冲锋过的。如果是由飞机轰炸而受伤的，他们竟觉得有些难为情，对你静默，不愿多所说明，因为这表示他们是比较处于略在后方的战线上。此外英勇而又有趣的故事也不少。例如某总司令亲告我们，他为保全俘虏，曾下命令凡枪杀敌人俘虏者处死刑，活捉俘虏者有重赏。有一次有一位副排长在向敌人阵地冲锋中，勇不可当，一下抱了敌人两个军官飞似的滚到自己阵地，他虽负了伤，却胜利而归，某总司令嘉奖备至，赏了他一千元奖金。这并不是神话，却是中国民族战士所表现的事实。

## 三二　自动奋发的千万青年

抗战的神圣火焰燃遍了每一个爱国青年的心情，他们的空前的热烈情绪至少表现在两方面，一方面是以无比的热情为抗战服务，一方面是以无比的热情为抗战而求知。千万男女青年为着拥护抗战，参加抗战，而过着流亡的生活，他们不怕惨苦的流亡生活，每念不忘的是求得参加抗战工作的机会，尽量贡献各人的聪明才力于正在苦斗中的祖国。你在各战场都可以发现各种各式的青年服务团或战地服务团。记者和几位朋友赴前线慰军时，在每一据点都遇到若干男女青年组成的战地服务团，协助军队中的政治工作，提高士兵的作战精神，加强了每一地方的军民合作。我在德安前线慰军时，在这样的一个服务团中发见了一个年仅十四岁的工作同志，他因年幼，没有什么特殊的工作能力，但却能歌喉雄壮婉转，能唱不少京剧，就尽量运用他的这一种仅有的能力，参加歌剧队，予民族战士们以无限的安慰与鼓励。我曾经亲自听到他在军队中的引吭高歌，悲壮激昂，得未曾有。这位好像满身都是爱国热诚构成的小战士，离父母，背乡井，所念念不忘的是争取抗战胜利。他是自动奋发的千万青年的一个象征。

不但整千整百的男青年奋发蹈厉地参加抗战工作，且有整千整百的女青年奋发蹈厉地走出家庭，奔赴前线，不让男同胞专美。每见她们成群结队，身穿绿黄色军服，绑着腿，赤脚穿着草鞋，精神焕发，健康愉快，这便是即将开往前方去的什么战地服务团，在你面前的是中华民族的女战士，你不能再认识她们是养尊处优娇养惯的千金小姐了。有一次有一位从这样的战地服务团中来的女青年，暂时和几个伙伴回到后方来购买一些书报带到前方去，临行时以读者的关系，来看过记者，谈了许多在前方的实际经验，及在实践中对于求知的更迫切的需要，谈吐气魄，简直好像配合不上她那样年仅二十妙龄的温婉女子，但是她已成为一员女战士了。她握别时说此去当更加倍努力，所参加的是某某游击区域，以身许国，不避艰危，此去是否再有机会回来访问先生，不得而知，她说到这里，眼圈红了，眼眶里充满了热泪，但也许转念自觉太动感情了，倏忽间嫣然转为笑容，现出她的昂然的英俊态度，珍重道别而去。这又是自动奋发的千万青年的一个象征。

神圣的民族抗战不但震动了国内的千万青年的心弦，纷纷响应祖国的迫切需要，同时也震动了散在海外的无数青年的心弦，不远数千万里遄返祖国，与祖国的青年同胞的血汗流在一起。所以你在各前线也常能遇到回国侨胞所组织的战地服务团体。例如我们在前方遇到的荷属华侨救护队，即是一个例子。该队的同志们都是生长在东印度群岛，包括三十几位医生和五十几位救护人员，带了大量药品回到祖国服务。从面貌言语行动上，完全看不出是中国人，但外表掩盖不了他们对于祖国的热爱与忠诚。他们很辛勤地仆仆于前后方途中救护运输伤兵，每天忙得只有三四小时的睡眠，失眠虽红了眼，却不能丝毫减损他们对于祖国的热烈情绪。这是自动奋发的千万青年的另一个象征。

时代不同了，在五四运动的时代，有许多男女青年为着“家庭革命”而与家庭发生冲突，为着恋爱不自由而出走，随处都寻得着“娜拉”那样风范的人物，现在我们看到不少青年男女却因要从军，因要奔赴前方服务，而与家庭发生冲突，不顾家庭的不同意而径自出走了。青年的本质都是纯洁热烈的，因时代巨流的差异和时代需要的不同，反映着千万青年的趋向。千万青年所反映的伟大时代的要求，这种排山倒海的巨潮，是任何顽固势力所不能抵挡得住的。他们是伟大时代巨潮的先锋！他们是要立在伟大时代的最前线！

美国卡尔逊上校说得对：“内战是一件事，抵抗威胁国家独立的战争是另一件事。”这抵抗威胁国家独立的战争，唤起了整千整万的民族战士，也唤起了整千整万的男女青年为保卫祖国而英勇奋斗。这无量数的中华民族的优秀儿女，奠定了中国必然得到独立自由的基石。

今天所谈的是千万青年以无比的热情为抗战服务，明天当略谈千万青年以无比的热情为抗战而求知。

## 三三　无比的求知热情

美国女作家兼写剧家卜斯女士（Glare Boothe）最近和她的丈夫鲁斯（美国著名杂志*Time*，*Life*及*Fortune*的编者）来华视察，途经香港时，对于中国的青年，曾经说过这样的几句话："我遇见中国的青年很高兴。我在美国时到过许多大学里和青年们讨论关于战争和民主的问题，但是我要老实地说，美国青年对于战争究竟为什么这个问题，了解得实在不及中国的青年。"这段话更加深了我对于中国无数青年求知热情的感触，我几年前游历美国时，对于美国青年也有过很多的接触，知道他们里面也有不少认识清楚的前进青年，这几年来一定还有更多的进步，但是就普遍的程度而论，我敢说在抗战期间中国千万青年对于求知的无比热情，实为世界上任何国家所不及，勉强可以和我们相比的，也许只是我几年前游历苏联时所见的情形。

当淞沪我军因战略关系撤退后，我和几位朋友赴武汉，途经广西的几个据点，最使我们感动的就是那末多的青年对于求知有着那末高度的热情。我们所住的旅馆里，从天一亮直至晚间十二点钟，一批又一批的男女青年络绎不绝地来找我们谈话。我每晨刚从床上起来，还未洗脸，就发现房门外坐着几十个男女青年，等候着晤谈，这种情形使我们不得不受到深深的感动。他们谈话时的诚恳坦白，固然是纯洁青年的本色，所提问题的内容，从国内的战局及政治文化等等，到当时国际上的种种问题，你听了之后简直要感觉到和你相对的不是中学生乃至大学生，而是热心研究政治文化及国际问题的学者。有一天在桂林，我和金仲华先生应广西大学之约，同往演讲，本来打算每人只讲一小时，但是我们两人讲完之后，挤满着大礼堂的男女同学异常热烈地提出了许多关于国内国际的重要问题，我和金先生轮流答复，全场空气的紧张热烈，近千同学的专心一致，都使我和金先生赞叹无已，除演讲的时间外，讨论的时间增加了三小时，同学们还没有散座的意思。他们对于求知的无比热情，是要振奋每一个人的心弦！

又有一次我和几位朋友在桂林被约往广西学生军演讲，男女青年全体武装，一切军事化，但是他们却不是仅仅受军事训练，同时对于抗战有关的国内外问题，也迫切地要知道一切，他们的询问纸条像飞雪似的递上讲台，反复讨论，不厌求详，各就笔记簿上走笔疾书，一点不肯放松。他们不但要求武装他们的身体，同时还要“文装”他们的脑袋。我深信如把他们的询问纸条收集整理起来，一定可以成为一篇很完善的时事讨论大纲。

这种情形并不限于广西，后来我在其他地方亦有同样的发现，不过由于当时的广西对于青年求知有着较大的积极态度，表现得比较更为热烈罢了。

不但大后方的千万青年，对于求知有着这样无比的热情，就是在前方作战的斗士，对于求知也有着同样无比的热情。他们也迫切地要学习，要知道国内外的大事和各种的重要问题。前方对于缺乏精神食粮的呼吁，直至今日还是可以时常听到。每遇有新闻记者或作家到前方去，他们一定被拉住谈个不休，问个不休。欧战打得怎样了？国际形势对于中国抗战究竟有着什么影响？……问得你应接不暇，口开了来不及合拢！我有一位新闻记者朋友到前方去，斗士们听了他的说明还不满足，一定要他画一张关于欧战的大地图，再就地图讲给他们听听。这位朋友尽管讲得好，要凭空画一张大地图，却画不出，只得交白卷！在前方有些地方不易得到日报，偶然得到一张一个月前的报纸，他们视为至宝，一字不漏地传观着，看得烂了，还要来个座谈会！我也曾在前方和若干青年军官谈过，他们当时对于“德意路线”问题，对于“集体安全制度”问题等等发表高见，口若悬河，滔滔不绝，我仔细研究其内容，觉得并不逊于《世界知识》上诸专家的名作！猗欤盛哉！这伟大时代中的中华民族优秀儿女对于求知的无比热情！这伟大时代的洪炉，陶冶了多少中国现代的青年战士，陶冶了多少中国未来的青年战士！

## 三四　沦陷区同胞的艰苦奋斗

在抗战过程中，我们看到种种令人兴奋的事情，像我们所谈过的震动寰宇的民族战士，自动奋发的千万青年，都是最显著的例子。此外值得我们特别注意的还有沦陷区同胞的艰苦奋斗。

据远东问题专家拉第摩尔（Owen Lattimore）所估计，由沦陷区逃避至自由中国的人民，有四千万至六千万人，曾在沦陷区的人口约占中国全部人口之一半（见拉第摩尔最近所著*Stalemate in China*一文，登在*Foreign Affairs*，April，1941）。固然，在有许多沦陷区里，敌人仍然只是占着点与线，并不能完全统治着那些区域里的中国人民，但是在那种状况下的我国同胞，都处在非常艰苦的环境，都须在极艰苦的环境中奋斗着，则为无疑的事实。而这一大群沦陷区同胞的艰苦奋斗，不屈不挠，在敌后建立许多抗日根据地，尤其是在华北的许多区域：如晋西北、晋东南、晋冀察、冀中、冀南、鲁西北、胶东、鲁南、苏鲁边、豫北等等。这许多区域里的沦陷在敌后的数千万同胞，从血的斗争中长成起来的新的伟大力量，不但在军事上削减着敌人，粉碎着敌人的进攻，并且在政治、经济、文化各方面都开展着向敌人作反“扫荡”的战争；他们的艰苦奋斗，不但在今日强有力地牵掣了侵略者的泥腿，而且在将来还要制敌人的死命。

沦陷区的同胞在抗战中所表现的奇迹，真是所谓罄竹难书，我现在只撮述几位朋及从那些地方来后所谈及的许多可歌可泣的故事里面的一二。有一位朋友齐鲁先生不久以前自河北回到陪都，谈起该处同胞坚持平原游击战，实行“破路”的情形。游击战原来是用低劣的武器（当然不是不要优良的武器，是没有），利用困难的地形，在敌人行动不便时，争取主动来打击敌人，所以要靠山川湖沼的特殊地势，才能展开游击战术。但是在广大的群众坚持之下，在彻底动员广大群众情况之下，在河北的大平原上居然开创了旷古未闻的平原游击战！他们以千万群众集体的人力改变了天然的地形，在大平原上造成千万条纵横交错的沟渠，以迟滞敌人快速步队的进行。他们为着坚持平原游击战，于二十七年的冬季便开始了“破路”的工作，经过了若干次的试验与失败，最后的经验告诉他们要在平原上掘成长的沟渠，三尺宽四尺深，底狭上宽，刚刚可以容许一辆中国的牛车行走，从这一村到那一村，从这一城到那一城，像蛛网一样地密布着，沟中还造有水引沟等等。在这样的“沟地”上，只有中国的牛车可以照常通过，敌人的汽车机械化部队就只能大跳其舞，不但打不来战，汽油的消耗要增加四分之三（从截获的敌军日记中知道）！

这种“破路”的伟大现象是够感人的！你可以看到常有数千民众自动奋发地参加，蜿蜒数里数十里，望去好像人山人海，一夜工夫拆断一条公路，掘成数十里的沟渠。就去年说，这样的沟渠，统计起来，在河北的约有二十万华里，其长度二十倍于万里长城！但是秦始皇筑“万里长城”，民怨沸腾，如今在争取独立自由的神圣抗战中，在广大民众热烈拥护的情况下，不但不以为苦，反而踊跃参加。这应该能使我们得到这样的深刻的教训：真能为群众谋利益的事情是没有做不成，昔人称“愚公移山”等于神话，现在以“人力移地”，竟成事实。但是我们还应该得到另一个深刻的教训，那便是不重视群众，不依靠群众，便什么也干不成！

李公朴先生几月前从冀察晋游击区回到重庆，他告诉了我们不少关于我们的同胞在敌后苦斗的情形。他自己在那里就把手枪做枕头，睡梦中一闻“警报”，即须“应战”！那生活是够紧张的！但是在这样紧张情况之下，他们不但在军事上打游击，而且还在政治上努力改善，一面使人民有权选举他们平时最敬服的打击敌人最坚决的人做县长、区长、村长，一面让他们选举真能代表自己意见的参议会；同时民众有自动性积极性的组织，配合军事上的需要。他们把内部的改革和对外的战争打成一片，密切地联系起来。

## 三五　热烈爱国的千万侨胞

我们想到震动寰宇的民族战士，想到自动奋发的千万青年，想到沦陷区同胞的艰苦奋斗，已经使我们万分感奋了，但是还有一件令人不胜感奋的事情，那就是想到热烈爱国的千万侨胞。

千万侨胞出于至诚的爱国情绪，不是没有来源的，他们冒风霜，排万难，在海外过着“寄人篱下”的生活，事实的教训使他们对于祖国热诚爱护，极端关切。在“九·一八”不抵抗情况下失去沈阳的时候，他们在国外羞于见人，茶楼酒馆都不敢去，连在马路上走路都低着头不自在。后来马占山将军起来抗战了，十九路军起来抗战了，他们突然恢复了做人的光荣！连马路上卖报的外国孩童，见着中国人向他购买载有中国抗战消息的报，都先要举起拇指对这位中国人表示敬意！

自全面抗战发生以来，在海外的千万侨胞更对祖国感到空前的兴奋，仅就南洋侨胞而言，据南侨总会的报告，他们自抗战以来对于祖国的捐输，总数已达三万万元以上。这种局部的数目字已足惊人，但是事实还不仅是这样简单，我们要知道侨胞对祖国踊跃捐输的后面所包含的热爱祖国的无限心情和热泪。侨胞的金钱不是容易得到的，是由于他们终年胼手胝足，千辛万苦，省吃俭用，积蓄起来的，最令人感动的故事，莫过于倾听新从海外回的朋友谈起工作勤苦的侨胞，尽其所有的历年积蓄，倾囊倒出以捐助祖国抗战的种种情形。有许多地方的侨胞，按月自动出其工资的若干，交给海外的捐款机关汇送到祖国作协助抗战的费用，乃至收入较微的洗衣工人，也争相贡献，不甘落后。

中国抗战的胜利，和每一个中国人的福利都有着不可分离的关系，这个真理的认识，以侨胞为最深刻，所以他们对于有益于抗战的事情，没有不尽力拥护，竭诚努力，对于少数人的妥协投降危害国家民族的行为，也极端愤怒，严厉制裁。例如汪精卫和他的走狗们的妥协投降，便受到广大侨胞的最严厉的制裁。即在汪精卫的叛国阴谋尚未完全公开以前，南洋的侨胞领袖陈嘉庚先生在国民参政会第二次大会中所放出的大炮，主张“官吏谈和平者以汉奸论”，便在实际上代表了海外千万侨胞的意志。后来汪精卫的叛国阴谋完全公开了，更引起侨胞的怒火。政府对汪的叛国行为，在最初阶段尚存着宽大的态度，在决定对汪下通缉令以前，政府接到海外侨胞请求对汪通缉的电报如雪片飞来，至少在一千封以上，政府鉴于舆情的激昂，毅然提早决定下令通缉。这在一方面可以看到侨胞拥护抗战国策的坚决，在另一方面也可以看到侨胞左右国事力量的伟大。

侨胞拥护抗战国策的意志最坚决，因此爱护民族统一战线的心情也最诚挚。有一位新闻记者朋友最近到过缅甸视察，他在一个侨胞家里看见一大幅月份牌上的彩画，上面画的是一大群在祖国领导和努力抗战的如龙如虎的人物，立在中央的是最高领袖蒋委员长，在他左右和后面的是抗战将领陈诚、汤恩伯、卫立煌等等。此外引起这位朋友注意的是他在这一大群人物的画像里面发现俨然穿着上将制服的毛泽东！这引起了这位新闻记者朋友的好奇心，他就问这位侨胞："你们怎么知道毛泽东是上将？"他回答得很妙，他说在政府和最高领袖领导之下团结御侮，正集中全国的力量对外，毛泽东之为上将，想当然耳！他们"想当然"，竟自出心裁地替毛泽东加上一个上将的头衔，替他穿上了上将的制服！

在滇缅路开放以后，上述的那位新闻记者朋友又在某地看见一张侨胞的报纸，在电讯要闻里发现一个这样的消息："陈绍禹飞渝参加国防会议！"这位朋友又发了呆，特举以询问该报的编辑先生，他说国际形势好转，内部必有进一步的团结，想当然耳！又是一个"想当然"，这位朋友听了也只有再发呆！

这些有趣的故事后面，充分表现了侨胞对于祖国团结御侮的关切。他们深切知道这是争取抗战最后胜利的一个基本条件。

## 三六　爱我们的祖国

英勇卫国的民族战士，奋发英俊的千万青年，艰苦奋斗的沦陷区同胞，热诚爱国的海外侨胞——这许多广大的爱国民众是中华民国的广大而巩固的基础，是中华民族光明前途的骨干。这样的有着无限光明前途的祖国是我们所值得爱所不得不爱的！我们不否认中国有着局部的黑暗，有着一时的逆流，但是我们只有共同努力消除这局部的黑暗，制止这一时的逆流，使我们的祖国渡过难关，踏上坦途，而不应该看到局部的黑暗一时的逆流而忽视了中华民国仍然有着她的广大而巩固的基础，中华民族仍然有着她的光明前途的骨干，而发生消极或悲观的情绪，这绝对不是具有五千年文明历史的黄帝子孙所应有的态度。

我说不得不爱我们的祖国，这是因为身为中国人，只有使中国独立自由，个人在这世界上才能得到真正的保障。这种感觉，在海外的侨胞以及曾经到过国外游历视察的人所最深刻感到的。但是自从全面抗战发动以来，全国的许多同胞受到日本帝国主义者的摧残蹂躏，奸淫残杀，在这极惨酷的苦痛中使每一个中国人（汉奸当然除外），虽不出国门一步，也都能深深地感觉到祖国的可宝贵，都深深地感觉到争取祖国的独立自由是每一个中国人所不得不负起的重要责任。我们要做一个堂堂正正的人，就不得不爱我们的祖国！如今我们的祖国还有着这么广大的爱国民众做她的基础，还有着那末无限的光明前途，值得我们爱，这不是更使我们够兴奋的事情吗？这是我这几天来和诸位笔谈后所遗留在我的脑海里终日萦回着的印象，我深信诸位听了我在这几天来的谈话，也在脑海里引起这样的印象罢。

在我们脑海里萦回着的这种印象并非幻想，也不是聊以自慰的空想，因为中国的广大群众的力量实为决定中国前途的主要的因素，而不是违反广大群众要求的任何个人或任何集团所能压抑下去的。我最近读到Owen Lattimore在*Foreign Affairs*（April，1941）所登*Stalemate in China*一文，觉得他对这一点也有着深刻的认识。他说："最重要的一件事是有着千千万万的中国人不是任何政党的党员或信徒，虽则他们都在争取国家独立和实现民主政治的要求之下，一致团结起来。”他又说：“因为这个缘故，无论国民党或共产党，它们所须竞争的在实际上不是空言统治在它们两者之间的大多数人，而是要尽量争取得到多数人民的信任和拥护。要争取得多数人民的信任和拥护，是要由于得到人民的同意，而不能由于强迫的服从所能奏效：这个事实的本身就是民主政治向前发展的保证。”他又指出：“蒋委员长从西安得到安全回京，全国欢声雷动，固然由于领袖之得民心，但同时也表示中国人民看到这样的危机得由谈判和平解决，而不出于内战，如释重负，予以莫大的赞同。”他的结论是中国的大多数人民，成为决定中国政治前途的因素，其重要性并不下于有着高度组织的国民党和共产党（见该志六三〇页）。

换句话说，中国的广大人民对于中国的前途，实有决定的力量。任何在政治舞台上已具有伟力的个人，或在中国已具有相当力量的政党，真能反映中国的广大人民的要求，必然得到最后的胜利，否则必然要遭到最大的失败。这样的人物和这样的政党是否能深刻而明了地顾到这一点，不是我们在这里所欲讨论，我在这里所欲提出的，是大多数的中国人民，为爱护祖国，为争取祖国的光荣前途，必须明白自己的责任，必须明白努力的动向。我们当然竭诚拥护领导抗战建国的国民政府和最高领袖，但是君子爱人以德，小人爱人以姑息，我们对于政治改革的要求，为着抗战必胜建国必成的目的，也一点不能放松。有些不肖官吏以“国家至上”为借口而实行其“官吏至上”之私的，即令对我们作种种造谣的诬蔑，也阻止不了我们对于国事的热诚，因为我们爱我们的祖国。我们要在“争取国家独立和实现民主政治”的总目标下，努力奋斗到底。这是中国广大人民的要求，必然得到最后的胜利。

## 三七　晴天霹雳的宪政运动

在中国近代革命运动史上，第一个最鲜明提出民主政治的口号来的是国父孙中山先生，他的一生，可以说是始终不变地为民主政治而艰苦奋斗，他曾经这样的指示我们：“三民主义是民族主义，民权主义，民生主义。和美国总统林肯所说的民有，民治，民享，是相通的。人民必须能够治，才能够享，不能够治，便不能够享；就是民有都是假的……我们现在来讲民治，就是要把机器给予人民，让他们自己去驾驶、驰骋，这种机械是什么呢？就是宪法。”

在中国已往的历史上不是没有过“宪法”，但是真能代表民意的宪法，有了宪法真能切实执行的却没有，所以到了今天，民主政治还是在提倡的时代！

宪政运动是争取、巩固和发展民主政治的运动。自抗战以来，有些人认为民主政治是不需要的，打仗就打仗好了。为什么要这劳什子怪讨厌的民主政治呢？有些人却认为我们是在长期抗战中，我们的国力是在抗战过程中继续不断生长起来的，我们的最后胜利是要依靠这种生长起来的力量，所以我们的内部的政治改革和对外的抗战在本质上是有着密切联系，而不能截然地把它们分开的，结论是抗战期间更迫切需要民主政治的建立和发展。民国二十八年九月九日举行的国民参政会第四次大会中，来了一个晴天霹雳的宪政运动，通过了请政府定期召集国民大会实行宪法案，蒋议长在该次大会闭幕致词中，推为第一个最重要的决议案，郑重指出“提高民权，加强国本，应为最要之务”；郑重表示“深信本届会议以此案为最大之贡献”，可见上述的第二种意见是完全正确的。

这次大会是在重庆大学举行的，因为该校离城市很远，有许多参政员都在会前搬入该校寄宿舍居住，重过“学生”生活，住在一起，有个最大的好处，就是彼此多有交换意见的机会，大家所商谈的，最重要的当然不外乎关于当前政治问题。尤其是在“来宾”中的在野各抗日党派的分子，对于当前政治须有较重要的改革，有着更尖锐的感觉，我们只要听到年高德劭忠诚爱国的张一麐先生在该次大会开幕时，代表全体参政员致词，很沉痛地指出“精神集中，力量集中，除少数丧尽天良之汉奸外，必须以汉贼不两立为目标，断不容于同受三民主义洗礼中，自相残害……默察各地党政军各级人员，对于民众运动往往有所歧视，道路传闻，尚有假借取缔与指导名义，摧残合法组织，钳制正当言论，拘捕热血青年，致为亲者所痛，而为仇者所快。若任其摩擦，勇于私斗，必怯于公战，敌人与汉奸之所喜，即仁人志士之所忧”；便可以想见该次开会前各参政员对于国事的殷忧。大家交换意见及商讨研究的结果，认为如果真正实行宪法，实现民主政治，便可制止危机，使国家走上康庄大道，于是各方面分头起草关于这件事的提案，后来听说“陪客”中也对这件事备有提案在开会时提出，这当然得到各方面的欢迎，因为大家希望由“主人”出来积极领导，那是更可以事半功倍的。于是霹雳一声，关于这一件事有了七个提案提出来，重要的党派差不多都包括在内。

“陪客”方面由孔庚先生领衔提出，内容在各提案中最简单，全文如下：

> 谨按政府遵照中国国民党第五次全国代表大会决议，原已定期召集国民大会，并经积极筹备。嗣以抗战军兴，致陷停顿。惟抗战军事，攸赖长期努力，建国工作，必须同时进展，爰提请大会建议政府，召开国民大会，制定宪法，开始宪政。

这提案短短不到一百字，据我在国民参政会中所见，除了陈嘉庚先生在第二次大会中所提的轰动一时的“官吏谈和平者以汉奸论”的一句话说尽了提案全文以外，这个提案可算是短短的了，但虽短而重要，因为它立于“主人”的地位郑重指出了民主政治的实现不但有关“建国工作”，而且有关“抗战军事”，这实在是非常宝贵的指示。

## 三八　抗日各党派对宪政的一致要求

在国民参政会第四次大会中，由抗日各党派提出的有关宪政的提案有七个之多，其中有国民党的“陪客”提的，有共产党的“来宾”提的，有青年党、国社党及第三党的“来宾”共同提出的，有救国会派的“来宾”提的，有职教派的“来宾”提的，表现了抗日各党派对于宪政的一致要求。这七个提案的题目如下：

（一）请政府遵照中国国民党第五次全国代表大会决议案定期召集国民大会制定宪法开始宪政案（孔参政员庚等提）

（二）请政府明令保障各抗日党派合法地位案（陈参政员绍禹）

（三）请结束党治立施宪政以安定人心发扬民力而利抗战案（左舜生、张君劢、章伯钧诸参政员等提）

（四）为决定立国大计解除根本纠纷谨提具五项意见建议政府请求采纳施行案（江参政员恒源等提）

（五）建议集中人才办法案（张参政员申府等提）

（六）为加紧精诚团结以增强抗战力量而保证最后胜利案（王参政员造时等提）

（七）改革政治以应付非常局面案（张君劢、左舜生、章伯钧参政员等提）

这七个提案，在中国民主政治运动史上都占着很重要的位置，值得我们作较详的介绍和研究。关于国民党的“陪客”提出的一个提案的内容，我在昨天已说过了，现在接着要谈谈共产党的“来宾”在国民参政会提出的那个提案。

该提案的内容，可分为三个部分：第一部分指出各抗日党派团结的由来和重要性。第二部分指出当前的危机。第三部分建议“公平合理之解决”（该提案原文中语）。

关于第一部分，该提案郑重提出：“在大敌当前之际，我国各抗日党派秉承‘兄弟阋墙外御其侮’的伟大民族传统，抛弃内争，共抗外敌……国民参政会选取各党各派领导人物，充任参议员。而此抗日各党派之精诚团结，实为全民族力量统一团结之坚强基础，同时全民族力量之统一团结，实为坚持抗战和复兴民族的基本保证，正因为如此，所以全中华民族及其忠诚友人，莫不珍贵我国各抗日党派的团结事业，而日寇汉奸及一切中华民族的死敌，莫不尽力破坏我各抗日党派的合作。”

关于第二部分，该提案郑重提出：“近半年来（记者按：

国民参政会第四次大会系于民国二十八年九月九日举行），同为抗战最高国策而努力奋斗之我国各党派间，疑虑增多，纠纷时起。因所谓‘异党’党籍及思想问题之关系，若干积极抗日分子，受排斥者有之，被屠杀遭暗害者有之，被拘禁或被开除职业或学籍者有之，影响所及，不仅使抗日各党派间，关系日益恶化，而且……使全民族团结胜敌之保证，发生疑问。如果长此下去，势将动摇国本，破坏抗战。而此类不幸现象发生之主要原因，一方面由于日寇汉奸之阴谋拨挑离间，另方面实由于我政府对于保障各抗日党派合法权利一层，迄今尚无明文发表，因而使日寇汉奸，易售其奸，妥协投降分子，易逞其技。为巩固民族团结，以利坚持抗战国策，惟须使抗日各党派间之关系，得到公平合理之解决。”

关于第三部分，该提案建议办法三项：（一）由国民政府明令保障各抗战党派之合法权利。（二）由国民政府明令取消各种所谓防制异党活动办法，严令禁止借口所谓“异党”党籍或思想问题，而对人民和青年，施行非法压迫之行为（如拘捕、杀害、开除职业或学籍等）。（三）在各种抗战工作中，各抗日党派之党员，一律有服务之权利，严禁因党派私见，而摒弃国家有用之人才。

拥护抗战国策的人，为着争取抗战的胜利，必然要主张各抗日党派的精诚团结，在国民参政会中国民党的“陪客”先生们所提出的“开始宪政”案固然是我们所赞成的，因为如果真能实行宪政，对于精诚团结有莫大的裨益。同时共产党的“来宾”先生们所提出的这个“保障各抗日党派合法地位”的，也是我们所赞成的，因为如果真能这样，对于精诚团结也有莫大之裨益。

明天还要介绍其他抗日党派对于此事的意见。

## 三九　再谈抗日各党派对宪政的要求

关于抗日各党派对于宪政的一致要求，我和诸位已经谈过国民党的“陪客”先生及共产党的“来宾”先生在国民参政会第四次大会中提案的内容，现在要介绍青年党、国社党和第三党共同提出的提案。该提案由各该党领导人左舜生、张君劢、章伯钧三位“来宾”先生领衔，题为“请结束党治立施宪政以安定人心发扬民力而利抗战案”，内容可分为二部分：第一部分是理由，第二部分是办法。

理由共分五点：第一点注重政治改革，指出："抗战已逾两年（按：指当时说），就军事论，确有取得最后胜利之希望。但敌人多方误我，最近已移侧重军事之力量，从我经济上政治上加紧进攻，返视我国，此两年以来之政治，虽不无一枝一节之改观，但规模终未树立，人心终有未安，殊无以奠定抗战建国之基础。欲完成此基本工作，要以结束党治立施宪政为第一义。"第二点注重应付敌伪，指出："以敌人挑拨搆煽之故，汪逆精卫等复假借名义，有伪党部之产生，如不毅然结束党治，则汪逆精卫等以伪扰真，内以淆乱国人之视听，外以供残暴敌人之驱除，前途演变，至堪忧虑。"第三点注重宪政与抗战的关系，指出："吾人抗战已届第二阶段，而世界大战适于此时爆发。环顾当世各国，并无借口战争而脱离宪政常轨者……甚且变更政党政治之常态，其加入政治以效忠国家者，初不限于在朝之一党。可见借口抗战而谓宪政未可立即施行者，其理由自不成立。"第四点注重政府应对全国国民负责，指出："抗战以来，所流者全国人民之赤血，所竭者全国人民之脂膏，在现行党政之下，政府仅能对党负责，对全国国民几无责任之可言。名不正则言不顺，以此而求国民之效死恐后，于义终有未安。”第五点注重巩固团结，避免摩擦，指出：“自抗战军兴，国民党不胜其嘤鸣求友之心，党外人心，亦同深兄弟阋墙之惧，以此乃得勉告统一，团结对外。然而藩篱未撤，门户犹存，生于其心，害于其政，平日之防闲既严，随时随地之摩擦不免，履霜坚冰，不仅为抗战时期之损失，实亦建国前途之隐忧。”

办法分三项：（一）由政府授权国民参政会本届大会，推选若干人，组织宪法起草委员会，以制定一可使全国共同遵守之宪法。（二）在国民大会未召集以前，行政院暂对国民参政会负责，省、县、市政府分别暂对各级临时民意机关负责。（三）于最短期内，颁布宪法，结束党治，全国各党各派一律公开活动，平流并进，永杜纠纷，共维国命。

这个提案中所明白提出的“结束党治”一语，在审查会中引起了非常激烈的辩论，这在以后要谈到，此时姑不详述；在这里所要说明的是所谓“结束党治”很明显地是指国民党一党专政的“党治”，而不是指各民主国家里的“政党政治”（即二党以上的政党政治，但在一般政治学上只用这个名词来表示二党以上的政党政治，即多党制的民主制度）。有一位“陪客”不明白此点，曾在大会中登台大发议论，说：

"'结束党治'这个名词不通。因为现代各国中，如英美等等，那一个没有政党，那一个不是党治？"他这样激昂慷慨滔滔不绝地白费了大会时间一小时以上，真有点上海话所谓"糟糕伊马斯"！

关于"结束党治"这句话，还有二点也值得一说的：第一，国父中山先生自己曾说，"以党治国并不是用本党的党员治国，是用本党的主义治国"，所以国父在实际上并不主张"用党员治国"的一党专政的办法，而是注重"主义治国"，三民主义已为全国的共同的政治纲领，"结束党治"（指一党专政，下同），实施宪政，与"主义治国"并不冲突。第二，"结束党治"之后，一方面虽有抗日各在野党派以及无党派的人士循着宪政轨道，共同参加政治以效忠国家，在另一方面反可以增强国民党在政治上的实际领导作用。为什么呢？因为国民党固有贤明的分子，也有"许多同志因循怠忽，忘却了当前的艰难和危险"（蒋委员长对八中全会训词中语），也有"那些信徒至少有百分之五十简直是'吃教'的骗子"（香港国民党党报《国民日报》在三月十二日社论《总理逝世周年》一文中语），在"党治"之下，往往有等于"官官相护"的"党员相护"，只须是党员，坏的也是好的，如果不是党员，好的也是坏的，政治不能澄清，这是最大的一个根源，“结束党治”之后，政治上的人物须受民意有效的督察，“骗子”无法容身，国民党中的贤明分子的力量必更加强，这不是反可以增强国民党在政治上的实际领导作用吗？所以我们为着抗战建国的成功，固然要积极要求民主政治的实现，为着国家民族的光明前途，固然要积极要求民主政治的实现，就是为着爱护国民党，增强国民党对于国家民族的贡献，也是要积极要求民主政治的实现。

## 四〇　三谈抗日各党派对宪政的要求

抗日各党派在国民参政会的“来宾”对于实施宪政的要求，我们曾经谈过的有国民党“陪客”的提案，有共产党“来宾”的提案，有青年党“来宾”领衔与国社党、第三党共同提出的提案。除国民党、共产党及青年党的这三党提案外，国社党的“来宾”自己还有一个提案，由张君劢先生领衔，与青年党、第三党共同提出。该提案的题目为：“改革政治以应付非常局面案。”内容提出二个具体的主张：第一，立即结束党治，实行宪政，以求全国政治上之彻底开放。第二，立即成立举国一致之战时行政院，以求全国行政上之全盘改革。

该提案认为这两件事是“今日扶危救急之道”。为什么呢？且听它说来：“国家应付此非常局面，首在收拾人心与集中人才。今日唯一收拾人心之道，即在明示国人‘国家为公’，所谓国家为公者，即明示国人，国家者全国国民之国家，而非一党一派之国家，政府者全国国民之政府，而非一党一派之政府……而后国事危急，国人当更感休戚相关。中国今日，应结束党治，实现民主，其理由万端，国人知之稔矣……千言万语，综为一点，即扶危救急之道，在明示国人‘国家为公’，如此方能收拾人心。”

其次，该提案指出实施宪政与集中人才的关系，它说：“以今日之严重局面，虽全国人群策群力，犹恐未必有济。而政府对于人才，目前犹复以党派而划分畛域，因畛域而加歧视，其或投闲置散，其或相抵相消，此其减削抗战建国之力量多多矣。故今日中国唯政治上之彻底开放，人才始有集中之可能，亦唯政治上之彻底开放，人人为国，胜于为党，人人爱国，胜于爱党，而后国家各真才始能真为国用。”

该提案对于收拾人心，集中人才，作了上述的说明，对于成立举国一致之战时行政院，更有这样的解释：“国家在对外作战时期，政府行政机构，必需运用灵敏，人事必需才职相称，而后前方军事，后方政治，始可相辅而行，相得益彰。征诸世界各强国历史，国家每遇对外作战，辄成立举国一致之战时内阁，此无他，必如此始能提高行政效率，发挥整个国力。英国内阁历史，即为具体例证。英国通常时期，均为政党内阁，十九世纪初年拿破仑战争，十九世纪中叶英俄战争，一九一四年之世界大战，英国均成立混合内阁，以应付非常局面。即以此次英德作战而论，战争一旦爆发，英国即亟亟在内阁上为人事与机构之调整。凡此实例，举不胜举……我国行政院两年来在战争上之成绩如何，国人自有公论。社会各方传言，谓抗战两年（按：指当时说——记者注），机关化简单为复杂，人才复有用为无用。诚如此言，则人民对后方政治，愤懑哀痛之情，可见一斑矣。言调整机构，叠床架屋，依然如故。言调整人事，滥竽充数，依然如故。事权不统一，职责不分明，兼差累累，包而不办，会议重重，决而不行，如此行政，以应付二十世纪之现代战争，实戛戛乎难矣。然行政之缺憾，岂又限于制度而已哉？中国古训，贤者在位，能者在职，是知今日政治，果欲振刷精神，一新耳目，恢复民信，矫正风气，则人事之更张，实为刻不容缓。”

根据上述理由，该提案提议政府采取两个非常步骤，以应付今日之非常局面，即：第一，立即结束党治，实行宪政。第二，立即成立举国一致之战时行政院。

关于“结束党治”一点，我们在昨天已略有讨论。关于“行政机构”与“人事”之改善，当然不限于行政院，例如接近民众的下层政治机构及“人事”，也占着极重要的位置，但是最高级的行政领导机构，就正确有效的领导方面说，实尤其重要，领导行政的机构坚强，各级行政机构都易于着手改善，可是这件事对于中国政治改革上的真正效果，还是要看整个的政治动向与方策，不是随便加入几个人去“画诺”所能奏效。在今年一二月间，听说政府有请张君劢、左舜生二先生加入行政院为不管部部长之意，张、左二先生不愿就，大概也就是这个意思。

# 四一　四谈抗日各党派对宪政的要求

救国会派的“来宾”在国民参政会中除支持其他抗日党派对于要求实施宪政的各种要案外，并由张申府先生提出“建议集中人才办法案”，由王造时先生提出“为加紧精诚团结以增抗战力量而保证最后胜利案”。

第一案中所指出的主要理由为：“国家遭遇大难，必须集中人才，团结一致，合力对外。此乃天经地义，为免复败，必须遵行。反之，敌人为挫败我，必尽情挑拨离间，拆散我内部，使我自起纠纷，而彼乃收事半功倍之效。……我方宜更加团结，更加坚决，集中人才，肃清汉奸，以便抗战早日胜利，更使建国顺利成功。”建议办法四项：（一）用人但问其才不才，不问其党不党。并戒以是否亲故为进退人之标准。（二）承认各党各派之合法存在。今日有党派是事实。党派取消，既不可能，则何不公开承认其存在，而详订合力之办法。如此既免纠纷，又减疑猜。党派纠纷既除，人才集中自易。（三）限制兼差，使人当其职，使人无过忙，亦无过闲。免废人，亦免废事。（四）推进民权主义，实施民主制度。凡百机关，尽力发扬民主精神，使人人得贡献其意见，发挥其才能。

第二案亦指出：“敌人利我之分裂，而不利我之统一，利我之摩擦，而不利我之团结，乃利用‘以华制华’之阴谋，肆其挑拨离间之毒计，冀我内部发生问题，以便利其侵略野心之实现。……我全国人民，深知非团结不足以抗战，非抗战不足以图存，自不至堕入敌人之奸计，惟杜渐防微，不可不慎。”其建议办法三项：（一）本国家至上，民族至上之原则，由各党分别告诫地方各级党员，不得有摩擦行动，以免增加抗战建国前途之障碍。（二）为集中人才起见，政府用人行政，不宜因党派关系而有所歧视。（三）从速完成地方自治，实行宪政，纳政党政治于民主法治之常轨。

对于要求实施宪政的主要意见，已详见于各党“来宾”先生们的各提案，救国会派的“来宾”对于这些提案，加以副署，予以共同的支持，所以张、王二先生所提出的上述提案，只是供补充或加强的作用。这两个提案所加强的各点为实施宪政，集中人才，避免摩擦，而尤其具体指出的是“用人但问其才不才，不问其党不党”；“不宜因党派关系而有所歧视”。关于这一点，张、王二先生本身就是一个很有趣的例子。

张先生是一个忠诚爱国的国民党员，他身上有着道地十足的国民党党证，但是因为他坚持主张团结，坚持主张民主，坚决不愿附和摩擦，在实际上已不被国民党看作一个党员，任何关系党员的大小会议，他都没有份，都没有参加意见的余地，也没有听到意见的余地，他和党外人所不同的，只是身上多了一张党证罢了。后来因为他在国民参政会中既不能做一个合于“理想”的“陪客”，又爱说公道话，所以在第二届国民参政会，“主人”便决定“送客”，把他“送”出大门了。

王造时先生在我们朋友里面算是一位最“和平中正”的了，中山大学许校长钦仰王博士的博学，以很大的诚意请他担任该校的法学院院长，王博士慨然答应了，但是因为他“不是本党的同志”，被党中主持教育的某要人所反对，以入党为“给予”法学院院长的“代价”，王博士不愿做这一笔“买卖”，同时中大和某地街上忽然发现法学院“全体同学”名义的拒绝王博士长法学院的标语和传单，反对的主要理由是王造时“不是本党的同志”（此事发生于今年二月上旬），法学院同学看到“全体同学”名义的传单和标语，大家都非常诧异，于是于二月十三日他们便开了第一次全体学生大会，所有在校及学校附近的同学通通都来参加，大会决议郑重否认以法学院“全体同学”名义发出反对王先生的标语和传单，并决议以留坪全体同学名义电请王先生从速来院，同时请许校长彻查假借“全体同学”名义的分子。三月一日许校长和法学院留坪全体同学同时接到王先生二月十九日从吉安寄到的分别给校长及他们的信。复许校长的信上说：

明晨首途赴渝。顷又奉到二月十七日来电。弟原拟如前电所云，入党事俟与中央洽妥后到校，盖入党与讲学似不必相提并论。弟之入党问题，中央早在接洽之中。今已不能稍待，弟又诚恐因此贻误院务，妨碍同学学业，谨专此前来辞职。敬请另聘贤明。区区愚诚，希即谅鉴。

复法学院留坪全体同学的信上说：

明早赴渝开会，今日忽又奉到校长二月十七日电及我留坪全体同学签名慰问及催促之电。展读之下，私衷感动不可言状！早拟首途来院，但情形如此，深恐有误院务及我同学之学业，已致函校长辞职。内容如下：（见上）尚望我同学在许校长领导之下，致力于高深学术之研讨，蔚成抗战之柱石，勿以时之辞职而稍有介意，以上慰总理在天之灵，领袖殷切之望，而无负于父老同胞之所期。则时虽不克前来服务，亦永觉与有荣幸。……

这二封复信的内容，在英文所谓“自我解释”（self explaining），我们不必赘一辞，仅为中山大学法学院全体同学惜此一位博学的好院长而已。王博士虽博，他的唯一的“缺点”竟是“不是本党的同志”，奈何！奈何！

## 四二　一个综合的研究

我在以前已经说过，国民参政会第四次大会中关于宪政的提案有七个之多，依例每个提案的提出，至少须有二十人的联署，那末这七个提案的联署人至少就在一百四十人以上，每次大会到的“来宾”和“陪客”，在实际上总数不过一百二三十人至四五十人，联署中即有重复者，其所包括人数之多亦可以概见了。关于这七个提案，国民党、共产党、青年党（会同国社党、第三党）、国社党（会同青年党、第三党）及救国会派所分别提出的六个提案的内容，我都已扼要地介绍给诸位了。本来还有一个是职教派的“来宾”提出的，因为提案人江恒源先生提出时即声明是“秘密”的提案，向例凡由提案人声明是“秘密”的提案，是不得在会外公布的，所以记者有代为守“秘密”的责任，不能在这里介绍，所可言者，其大目标也是在要求实施宪政以利抗战建国就是了。

介绍了抗日各党派的“来宾”先生们关于要求实施宪政的六个提案内容之后，我觉得为着更有系统地更清楚地明了他们的主张起见，尚有作一个综合研究之必要。

这几个提案的内容，在大目标方面虽然都是有关于宪政，但是仍可分为两大部分：一部分是直接与宪政有关的，是属于最近将来的，即尚略须经过筹备时间的，还有一部分是间接与宪政有关而重要性却并不轻的，是属于当前的，是有立刻执行必要的。第一部分是关于“召开国会，制定宪法，开始宪政”；或称，“颁布宪法，结束党治”；或称“结束党治，实行宪政”。在我们所介绍过的六个提案中，有五个提案明白地提到这件事。

第二部分是在正式宪法尚未制定公布以前即须切实执行的事情。关于这第二部分，包括有几个问题。第一个值得注意的问题，是“因党派私见”而“摒弃”“排斥”“歧视”“压迫”“国家有用之人才”（引号中语都是上述各提案中原语）。除了“陪客”提出的一个不到百字的提案外，其余在野各抗日党派的提案没有一个不提到这件事，可见他们对事实有共同的观察，对这件事共同感到其严重性。左舜生、李璜等诸先生曾在大会中向教育部长陈立夫先生提出询问，说中小学教员被迫入党，否则即被解职，是否其他党员即不准许在教育界服务？陈部长答复，欢迎入党，否认强迫。但据在野各抗日党派的亲历经验，确是强迫。不但中小学，即大学亦在所不免，昨日所谈王造时先生因入党问题，而被迫辞去中山大学法学院院长的职务，便是一个具体的例证。这个作风在实际上并不限于教育界。受到这种不合理作风的被摧残者不仅是真有党派关系的人，有许多人在实际上并没有什么党派关系，只是被人疑心生暗鬼，或有嫉妒倾轧，随便戴上一顶不相干的帽子，饭碗即有打破的危险。明白了这种实际的情形，便可以深刻地知道“用人但问其才不才，不问其党不党"的呼吁，是含着多少沉痛的意味了。这种不合理的作风之亟待纠正，并不必等到正式宪法颁布之后才办得到。

其次引起我们注意的是抗日各党派应得到合法保障的问题，这个问题，我以前在本文里也曾经提出讨论过。有人说各民主国家里的政党要组织就组织，并不要求政府予以合法保障的声明。这完全是打官话！他们并不想到各民主国家里的执政党并没有因为人民中有在野党籍或被疑与任何在野党有关系而打破他的饭碗（这只是举一个例子说，政治的集团当然不是仅仅为党员的吃饭问题）。他们在实际上已有了保障，当然用不着再有什么合法保障的要求。中国的实际情形如何？

其实这不仅仅是关于任何党派的问题，《约法》及《抗战建国纲领》对于人民的"结社"自由，都有合法保障的明白规定。如果我们不是以白纸上黑字为满足的话，这种"民权"中一个重要成份可以随便听任被蹂躏吗？如果只是白纸上的黑字就算了事，那末再来千百次正式宪法的颁布，有什么用？（这里也只是举"结社"做个例，当然还有言论、出版、集会及不得违法拘捕处罚等等。）

除了上述二个问题外，还有一个问题，是在正式的民意机关未成立的过渡时间，立即成立举国一致的战时行政院，行政院暂时对国民参政会负责。这三个问题构成他们第二部分的主张。

## 四三　关于宪政提案的一场舌战

国民参政会第四次大会中关于宪政的提案共有七个，原由审查内政提案的第三审查委员会合并审查。我们知道国民参政会里的审查委员会原分五个，各有专司，在每次大会开幕后由各位“来宾”及“陪客”根据自己的兴趣认定加入那一个审查委员会，名单在大会中公布。这次宪政提案既归第三审查会审查，第一个可以看出的特征，是第三审查会除原由自己选定加入该审查会的审查委员外，临时“陪客”人数大增，是由别个审查会中纷纷“转移阵地”到第三审查会中去的。

依“来宾”“议事规则”所规定，除上述五个审查委员会外，得设特种委员会，审查特种事项的提案。于是“来宾”中有人要求宪政提案应开“扩大会议”，除第三审查会的审查委员参加外，全体“来宾”都可以自动参加讨论。后来这个要求实现了，不过审查案的表决权仍属第三审查委员会。

我记得这个“扩大会议”是在一个晚间在重庆大学大礼堂中举行的。晚餐后即开始（大约七八点钟）。你起我立，火拼似的舌战，没有一分一秒钟的停止，一直开到深夜三点钟模样，那热烈的情况虽不敢说是绝后，恐怕总可算是空前的。在白天，“来宾”们已经被大会啦，各组审查会啦，开得头昏脑涨，但是在那天夜里，大家却不放松。负有特殊任务“转移阵地”的“陪客”先生们，固然不得不硬着头皮到会；积极提出宪政提案的各抗日党派的“来宾”以及热烈拥护宪政无党无派的“来宾”先生们，也都如潮水般地涌进来。那夜的主席是职教派的“来宾”黄炎培先生。国民党的“陪客”方面出马“参战”的有李中襄、许孝炎、陶百川、刘百闵诸先生。共产党的“来宾”方面出马“参战”的有陈绍禹、董必武、林祖涵诸先生。青年党的“来宾”方面出马“参战”的有“曾左李”诸公。国社党的“来宾”方面出马“参战”的有罗隆基、徐傅霖诸先生。第三党临阵的有章伯老的“匹马当先”。此外如救国会派、职教派、村治派、教授派、东北派等等，都有大将出来“交战数十合”！

抗日各党派，无论是在朝在野，对于要求实施宪政，都各有其提案。照理想来，大家的目标既然相同，似乎不会发生什么相差太远的意见，但在事实上这夜的辩论，在“来宾”和“陪客”之间显然分成了两个阵营。例如关于抗日各党派的合法保障问题，“来宾”们一致认为有必要，“陪客”们却一致大发挥其“不必要论”，辩论得异常尖锐化。“陪客”的衮衮诸公本身已得到充分的保障，所以感觉到“不必要”，但在事实上，中国并不止“一个党”，现在只有“一个党”得到保障，这问题便不像“陪客”先生们所想象的那样简单了！记者那天夜里也在“战线”上。我看到济济一堂有着各党派的许多领袖们，同时想到许多为着“防制异党活动办法”而被关在牢狱里或集中营里受罪的无辜青年，悲痛已极。我不禁立起痛陈一番。我说：“我有一个诚恳的要求，要求今夜在这里相聚讨论的各党派的领袖们，勿忘正在此时有着无数的无辜青年正在牢狱里在集中营里宛转呻吟哀号着啊！”我当时又不禁提出这样的严厉的质问：“我今夜张眼四望，明明看见在座的确有各党派的许多领袖，被允许开口共产党，闭口青年党，似乎是允许党派公开存在似的，但同时何以又有许多青年仅仅因党派嫌疑，甚至仅仅因被人陷害，随便被戴上一顶不相干的帽子，就身陷囹圄，呼吁无门。敢问这究竟是怎么一回事？承认有党派就老实承认有党派，要消灭一切党派就明说要消灭一切党派，否则尽这样扭扭捏捏，真是误尽苍生！”这番话在“陪客”先生们听来，即令心中明知是根据事实，不胜同情，在表面上也不得不悻悻然，很不高兴。可是我受良心的督促，却不能不说。随着最爱护青年的教育家陶行知先生立起来举出许多事实，证明我的呼吁的正确。

尖锐达到最高峰的辩论，当然要推“结束党治”的这一点了。“来宾”们一致认为有此必要，一定要把这几个字加入决议案，“陪客”们却又一致大发挥其“不必要论”，一定不要把这几个字加入决议案：罗隆基和李璜两先生发言最多最激昂，老将徐傅霖先生也挺身而出，大呼“一党专政不取消，一切都是空谈”！当时空气已紧张到一百二十分。唇枪舌剑，各显身手，好像刀光闪烁，电掣雷鸣。我在上面说过，保留对于这个提案表决权的第三审查会添了不少临时“转移阵地”的“陪客”，如付表决，“陪客”是占绝对多数的，所以当时“陪客”有恃无恐，大呼：“付表决！付表决！”主席势将付表决，大将李璜跳脚突立，大喊：“‘表决’是你们的事，毫不相干，敝党要找贵党领袖说话！”于是不敢付表决。

时近深夜三点钟，大家好像还不想睡觉，最后由主席宣布，当将当夜各人意见的记录，汇交第二天第三审查会再行开会时慎重考虑，务使得到合理的结果。于是关于宪政提案的一场舌战，才告结束。

## 四四　舌战后的“治本办法”

关于要求实施宪政的提案，经过“来宾”和“陪客”之间的一场舌战以后，结果怎样呢？我想这是读者诸友听了昨天的谈话所必然要引起的一个问题。

那一夜七八小时不断的舌战，对于第三审查会诸公不免要留下很深刻的印象，至少写下决议案的时候要稍为审慎一些。

七个提案合并讨论后的决议如下：

甲、治本办法

（一）请政府明令定期召集国民大会，制定宪法，实行宪政。

（二）由议长指定参政员若干人，组织国民参政会宪政期成会，协助政府促成宪政。

乙、治标办法

（一）请政府明令宣布，全国人民，除汉奸外，在法律上，其政治地位一律平等。

（二）为应战时需要，政府行政机构，应加充实并改进，借以集中全国各方人才，从事抗战建国工作，争取最后胜利。

这是一个很冠冕堂皇的决议案。诸位如把这个决议案和我在前几天所介绍过的六个提案的内容比较参看一下，便知道中国文字的奥妙。奥妙之处在运用文字的结构，把具体的事实或问题尽量抽象化，变为八面玲珑不着边际的东西，就文字的表面上看来，冠冕堂皇，似乎应有尽有，而戏法人人会变，各有巧妙不同，讲到实行，那却是另一问题。例如“结束党治”是很具体的，但是讳言“结束党治”，只空空洞洞地说“实行宪政”，便“方便”得多了，又可解释为实行宪政当然要结束党治，但是以后我们在党报和党刊上可以看到许多文章，认为尽管实行宪政，并不结束党治。

“定期召集国民大会，制定宪法，实行宪政”，把这几句一口气读下去，令人不胜兴奋之至。因为就字面上说，“国民大会”有了，“宪法”也有了，“宪政”也有了，你眼睛没有花，看得清清楚楚，还有什么其他要求呢？这就是中国文字不胜奥妙之处。但是“定期”二字就够研究，因为定期可快可慢，一年半载是定期，三年五年是定期，八年十年是定期，而且还可改期延期，此中“方便之门”甚多。这决议案是在民国二十八年九月间通过的，现在是民国三十年五月，尚在“定期”之中。

至于“国民大会”指的是那一个国民大会，也够研究。有人认为中国打了好几年仗，一切都与战前不同，要真能得到反映民意及适合时代需要的民意机关，应该另来过一个。有人却舍不得五六年前“选举”的“秽德彰闻”，不少已做汉奸的那个“国民大会”。

宪法就是宪法，似乎是很简单的事情了，但是也够研究。有人认为抗战几年后的今日，已发生了不少变化，宪法内容必须能适合当前的人民需要。有人却认为五六年前写下的“五五宪草”（注：宪草系于民国二十五年五月五日公布，故称“五五宪草”），已尽善尽美，不必有所修改，一听到有人主张要修改，便引起老爷们很大的不高兴。

你一口气读完“治本办法”第一条感到不胜兴奋之际，绝对梦想不到这里面还有许多“奥妙”之处。你不得不深刻地感到要明白中国的政治，是要就事实上“透视”一番，如仅就文字上看，无论是宣言也好，演词也好，文字也好，总常在不胜兴奋之中。这对于身体健康也许不无益处，但对于解决政治上的实际问题，却不敢说有什么效果。

所谓“国民参政会宪政期成会”确曾“组织”过，“促成宪政”也是各方所热烈期望的，但职权没有一定的规定，召集人之一的张君劢先生就屡次叫苦，说他不知道要干什么，态度很消极。大会开过之后，大家一哄而散，该会大概勉强开过一二次会，大有听其自生自灭之慨！这不是他们不努力，实在觉得无从着手。直到民国廿九年四月间开第五次大会的前几天，他们辛苦了好几天，根据会内外提出的几个意见书，草成《中华民国宪法草案（即五五宪草）修正草案》，总算没有交白卷。这个草案在第五次大会中曾引起大舌战，但至今还是纸上的草案！

## 四五　舌战后的“治标办法”

国民参政会第四次大会对于七个宪政提案的决议，分“治本办法”和“治标办法”两项，关于“治本”的二点，我昨天已和诸位谈过，现在要研究“治标”的也有二点：

> （一）请政府明令宣布，全国人民，除汉奸外，在法律上，其政治地位一律平等。
>
> （二）为应战时需要，政府行政机构应加充实并改进，借以集中全国各方人才，从事抗战建国工作，争取最后胜利。

这两条，就文字的表面上看来，令人感到何必多此一举，因为这些似乎都是天经地义，千该万该，用不着说的。但是这两条的文字是极力避免“具体”而迁就到“抽象化”或“玲珑化”，和“治本”的那两条有着“异曲同工”之妙。

我想诸位还记得，在宪政各提案中，除了“陪客”提的那一个以外，对于“各抗日党派的合法保障”有着一致的要求，这是一件很具体的事情。但是经过第三审查会里“加工制造”之后，一变而为这样抽象而玲珑的第一条！所谓在法律上其政治地位一律平等也者，其具体的意义就是：不要对于国民党以外的其他抗日党派的人，或甚至仅仅被诬陷与其他抗日党派有关系的人，或对国民党迫令填表入党加以婉谢或尚待考虑的人，加以种种违法的压迫。（这是仅就消极的意义说，如就积极的意义说，各抗日党派当然应得公开存在的合法地位，对于国事有以集体力量积极参加的责任。）如果在字面上这样老实说出来，在“陪客”占支配力量的审查会及大会中，一定休想通过的。成为抽象而玲珑的条文，便人人可以马虎举手，这是中国文字的奥妙！

就是这样抽象而玲珑的第一案，经过一场大舌战，经过第三审查会的一而再再而三地开会审查又审查，经过大会通过，经过最高国防委员会的核准，直至现在将近二年，并没有“明令宣布”。充满正义感，说话最爽直的青年党领导人之一的左舜生先生，每在朋友们聚商政治问题时谈到这件事，便睁圆着眼睛大声疾呼道：“为什么至今还没有明令宣布呢？”声震屋瓦，有如张飞之在长坂坡！

左公的大声疾呼当然不能算错，但是平心静气地说，“表面和骨子脱节”的政治情况下（即表面上尽管说得天花乱坠，而骨子里却另是一回事），就是“明令公布”了，还不只是一纸具文，有何实效？而且现在的“技术”比通过该案时更“进步”得多。尽管你坚决主张抗战，坚决反对妥协投降的人，只要你为着要加强抗战力量，要求政治改善，对政治有所批评，触及了一部分不肖官僚及党老爷的私利，便可以随意对你诬蔑，便可以随意替你戴“汉奸”的帽子。那末即令有“明令公布”，有什么用？

第二条的“背景”也是很具体的，就是宪政各提案中（“陪客”的提案除外）所一致要求的“为集中人才起见，政府用人行政，不宜因党派关系而有所歧视”，“但问其才不才，不问其党不党”；但是经过“加工制造”之后，产生了比第一条更为抽象而玲珑的第二条。因为第一条里还切切实实地说了一句要“明令公布”，这至少是一件看得见的行为，做了没有，无所逃于天地之间；第二条则更若茫茫大海，不着边际！说“行政机构应加充实并改进”，说“集中全国各方人才”，这是再好没有的事情，我们不但该高高举手，而且要热烈鼓掌；但是“充实改进”了几何？“集中”得怎样？这就全看实际的执行，而不是“明令公布”那样简单了。

在现在拜读当时的这个决议案，恍若说梦话，但是在当时我和许多热烈拥护宪政的“来宾”们，都仍然抱着相当的希望。决议案的条文尽管尽“抽象而玲珑”的能事，但是中国有句老话：“为政不在多言，顾力行何如耳！”“主人”果能在实际上容纳各方“来宾”对于国事的意见，在“力行”上做工夫，就在条文上尽管“抽象而玲珑”，何害？因此，在第三审查会将这个决议案提交大会的时候，虽“来宾”和“陪客”间对于“结束党治”仍有一番激辩，但付表决时，我也是用足劲儿高高举手者之一。至今追想，未免傻得可笑！

## 四六　对保障人民权利的再呼吁

在国民参政会第四次大会中，和要求实施宪政提案相呼应的还有两个提案，一个是关于保障人民权利的再呼吁，一个是关于保障文化事业的再呼吁。本文想先谈第一个。

我曾经告诉过诸位，沈老先生在距今三年前（民国二十七年七月）举行的国民参政会第一次大会中，就已提出了保障人民权利案，经大会通过，经国防最高会议核准，并经政府通令在案，但这一切的形式或表面，对实际并不发生任何影响！于是到了第四次大会（民国二十八年九月），沈老先生不得不对保障人民权利案再作呼吁。

这提案的题目是："请政府重申前令切实保障人民权利案。"这提案内容的措辞虽为避免引起"陪客"们在审查时的破坏，极求和婉，但在这和婉文辞的背后所包含的事实却是很严重的。该提案指示："一般社会民众之权利被侵害者，似仍不减于前，告诉、告发、诉愿之事件，则百不一闻。有时且因告诉、告发、诉愿，而其所谓权利，更受进一步之侵害，主管机关恬然不知负责。依据见闻所及，如任意拘捕至于数月逾年之久，不予审问；或忽然遂无消息；或侥幸释出，而终茫然不知其所以被捕之由。或知之矣，而腐心啮指，申诉无门，畏祸吞声。……最近川康视察报告（国民参政会所组织的川康视察团报告——记者），此类事实，言之綦详，一检可得。窃意当不止川省一地为然。夫使人民于被捕后莫知所措，尚不审所犯何罪，与被冤诬而有无可告诉之苦痛：一夫弗获，圣者是忧，是皆为我国民政府领导下所不应有之现象，其有之，则有司者之过也，否则亦必有应负其责者。……欲加之罪，则任意假以恶名，既得其情，仍不免徇于私见，所谓主管机关之监督，盖荡然无复有存。人民权利至此，尚何保障可言耶？”

该提案建议“挽救”的办法五项。简单说来，一项是：请政府抄录前案，重行通令全国各地各军政机关认真切实执行。一项是：同时严令各主管机关认真监督所属机关，不得再有违令滥权情事。一项是：凡经中央发觉或由人民告发、告诉及诉愿者，除依照法令手续应交法院侦讯者外，如为情节重大的事件，应即由中央遴派著名廉正人员驰赴查办，不得循例责令原管辖机关查复，或仍听令自理。一项是：应请中央监察院以时遣派委员，代表中央巡视各地方，随时检举，切实行使其最高之监察权。还有一项是：严禁用“反动嫌疑”“土匪”“逃兵”“汉奸”等名目，任意栽害青年及一般良民。

这个提案经大会通过，决议的内容是“送请政府重申前令，切实办理”。就字面上看来，这似乎是一件可喜的事情；但是可喜不在字面而在实行。上述五项办法，如其能如决议案中所谓“切实办理”，未尝不可收到“挽救”之效，否则岂不仍是“等因奉此”的一纸公文在老爷们的桌上转来转去，与人民切身利害有什么相干？

决议案是经大会通过了，但任何人只须真正知道实际情形的，没有不知道人民权利之被侵害，不但没有得到“挽救”，而且只有变本加厉。我们在这里要指出的是，在政治未改善的情况下，被侵害者除“腐心啮指，申诉无门，畏祸吞声”之外，没有其他办法。有人说被诬陷侵害者的家属没有出来说话，可见他们都是在平平安安之中。这完全是道地十足的官话！试问在“官吏至上”“官官相护”的情况之下，那个家属敢出来说话？出来说话又有什么用？以全国所钦仰的马寅初先生的家属也只有“腐心啮指，申诉无门，畏祸吞声”，其他可想而知了！（关于马先生的事，我将另篇论之。）这种情形好像打你一个耳光，不许作声，反过来因为你不敢作声，便十足证明你的耳光没有打！这是老百姓活该，老爷反正都是对的！

老百姓即令天天跪在老爷的面前哀求是没有用的，必须建立民主政治，使政治踏上民主法治的轨道，而这个“法”必须是真能代表民意的民意机关定出的，而且是有民意机关和舆论起来监督执行的，不是老爷“要怎样办就怎样办”。

## 四七　对保障文化事业的再呼吁

在国民参政会第四次大会中，和要求实施宪政的提案相呼应的，还有两个提案，一是对保障人民权利的再呼吁，一是对保障文化事业的再呼吁。昨天谈过对保障人民权利的再呼吁，现在要接着谈谈对保障文化事业的再呼吁。

关于后一件事，我在第一次大会中就有过提案，后来出乎意料之外地发生了反作用，钻出一个桎梏文化事业的《图书杂志原稿审查办法》来。我在第二次大会中提出“撤销”这个办法的提案，虽得到了空前的联署，并在大会中得到最大多数的通过，仍然无效。于是不得不在“原稿审查办法”之下，对文化事业所受的种种苦难，力求相当的补救，在第四次大会中提出了这样的一个提案：

改善审查搜查书报办法及实行撤销增加书报寄费，以解救出版界困难而加强抗战文化事业案。

欧美重视文化事业的国家，对于书报印刷品的寄费都特别予以优待，而我国在抗战期间需要大量精神食粮广播的时候，书报印刷品的寄费反而增加了好几倍，后来又有新的增加，所以我曾经在第三次大会中提出撤销再增加这类寄费的提案，经大会通过，遂请政府采择施行。但是最令人头痛的是参政会的提案尽管经大会通过，尽管送请政府采择施行，而在事实上总是在忙煞了写而且印之后，永远留在纸面上！这件事也不能例外。所以在第四次大会中，于要求“改善审查书报办法”之外，又附带要求“实行”（这二个字最重要，值得大加密圈！）“撤销增加书报寄费”。

可是为着提案的题目上有了“撤销”二个字，曾闹了一个小小的笑话。我以前曾经谈及，在第二次大会中关于“撤销”图书杂志原稿审查办法的提案，参加联署也有不少的“陪客”，他们后来曾因此事受到“主人”的严厉的责备。在第四次大会中的那个提案，在题目上又赫然出现“撤销”二个字（指的是撤销增加书报寄费），有一个“陪客”先生遇我请他联署的时候，瞥见“撤销”二个字，有如惊弓之鸟，变色大呼：“不来！不来！又是什么撤销！你的撤销最可怕啊！”我笑着说：“不要怕，这个撤销不是那个撤销！”他固执着说：“无论如何，别的可以，撤销绝对不来！”他不问内容，只怕“撤销”，倒也莫奈何他！

闲话少说，言归正传。吓得那个“陪客”先生变色大呼的提案内容，指出审查书报在事实上有二大缺点：“（一）对于审查后认为应禁之书籍，不将书名及理由通告出版机关或著作人，同时亦不将书目及理由通知各书业机关，于是出版界徒在暗中摸索，无论出版者及代售者，非至书被没收，不知原委，即审查者有违反审查标准之处，在被禁者亦含冤莫白，无从申诉（按：此系指在原稿审查办法尚未实行以前的各书审查）。（二）虽经审查通过之后，仍得不到统一的合法保障，往往经首都图书杂志审查委员会准许通过发给审查证，或经内政部审查通过发给注册证，而各地各种机关仍得任意没收。”

关于搜查书报，也指出二大缺点：“（一）迄今无统一的检查机关，有时有宪兵团，有时有警察局，有时有党部，有时有便衣密探。（后来又加上三民主义青年团——记者注。）负责审查之机关所认为应禁之书报，对出版者既不通知书名及理由，搜查机关又如此杂乱，故搜查时出版界殊感无可遵循，听便任意取书！搜查者纷至沓来，亦无一定标准，今日甲机关认为非禁书，明日乙机关来却认为禁书，甚至有些机关借口检查，将大量书报满载而归，从不发还，亦不宣布审查结果。（衡阳有一个机关的检查老爷居然利用这个机会，把这样‘满载而归’的书籍另开一爿小书店大做生意，这个事实后来被发现，在出版界传为笑谈，但却无可奈何。因为在这样‘官官相护’‘官吏至上’的情况下——尤其是无可理喻的党老爷统治下——你敢惹他毫毛，他大权在手，可以给你更大的灾殃。——记者注。）（二）搜查人员每多超越范围。依照中央规定，搜查书报以售卖者为范围，而实际上对私人卧室，箱箧信件，倾倒查抄，骚扰不堪。搜查机关并得随意拘捕人员，长期囚押，不送法院审讯，有违中央规定及法治精神。”

根据上述理由，该提案建议办法如下：“（一）查禁书报必须由负责机关将理由通知出版者及著作人。如有不合审查标准之处，应给予出版者及著作人以申诉的机会。搜查时须出示负责机关之证明文件及公开颁布之查禁书单。对于未经查禁之书报不得任意取去，禁止阅看。（二）检查书报须有统一机关负责执行，且书报经过合法审查机关之许可通过，给予审查证或注册证后，须予统一的合法保障，各地不得再任意扣留没收。”

这些纠正的办法，谁看了都认为是合理的，所以在审查会审查时，“来宾”们当然一致赞成，“陪客”们也无话可说，在大会里也通过了。决议是：“本案所列办法，送请政府切实改进。”其实这些办法在第一次大会提案中已提及，到第四次大会只是根据新的事实，旧事重提罢了，可是直到现在，那一点实行过？这是公开的事实，全国的编著界，出版界，乃至整个的文化界，都是有目共睹的！

糟蹋纸张，糟蹋油墨，罪孽深重！这是我在已往二年半国民参政会所得到的最沉痛的经验。

## 四八　苦命的宪政运动

根据国父中山先生的遗教，中国是应该实施宪政的，国民参政会第四次大会中又通过了实施宪政的议案，宪政运动应该是可以交好运了，但是说来奇怪，宪政运动一开始不久就走上了苦命的途程！

但是在最初，我们不明白此中的矛盾，以为领袖既在参政会中认为宪政决议案是该次大会最大的贡献，政府既以实施宪政为号召，民间热烈响应，努力宪政运动是应该没有什么大不了的阻碍。当初并没有料到宪政运动是注定苦命的。

有些人想到实施宪政，只很简单地感到国民大会的召集，宪法的制定及颁布等等，这虽然都是实施宪政的必要部分，但却不是唯一的部分。我们以为实施宪政的工作可以分作三个阶段：第一个是参政会通过决议案起至开始召集国民大会。第二个是从开始召集国民大会至宪法颁布止。第三是在宪法颁布以后的切实执行的阶段。我们如果希望宪政的实施真能获得实际的功效和真正的成功，绝对不能坐待国民大会的自然来到与先法的自然产生，必须在第二阶段尚未到来，第一阶段刚开始时，推动宪政运动，推动最大多数的民众参加宪政运动。为什么有这种必要呢？中国在这个抗战建国的伟大时代所迫切需要的宪政，是要能够充分反映全国最大多数民众的要求，由此使他们对于国家有更亲切的感觉，增强他们对于抗战建国的努力。因此我们主张在这准备的时期，即须积极推动各方面参加宪政运动，希望每一个民众团体及学术团体，每个茶馆，每个民众教育馆，每个大大小小的事业机关，都能举行宪政座谈会，使一般民众都能明白宪政究竟是什么一回事，宪政和抗战建国究竟有什么关系，宪政和他们的切身利害究竟有什么关系，他们所希望的宪政内容究竟怎样。这样深入民间的宪政运动，如能得到良好的领导和开展，在直接方面可以充分反映全国民众的要求，使将来的宪法能反映全国民众实际上的需要。在间接方面也就是实际的政治教育，加强他们对于政治的认识与了解，为实施宪政前途建立巩固的基础。

根据这个原则，国民参政员中有二十五人共同发起召集宪政座谈会。（这是民国二十八年十月间的事情，国民参政会第四次大会是在同年九月间举行的。）在重庆银行公会开过三四次，到者各界都有，人山人海，会议厅里几无隙地，讨论得非常热烈，并请与“五五宪草”最有关系的立法院院长孙哲生先生和立法委员张知本先生分别到会报告。发起召集的二十五个参政员，各党各派及无党无派的参政员都有，大家尤其注意的是要包括国民党的参政员，每次开会遇有国民党的参政员光临，大家都特别注意要把他推在主席团里，（主席团人数五人，李中襄先生有一次到会，即被推加入主席团。）这可见大家希望国民党出来积极领导的迫切。初不料如此煞费苦心之中，宪政运动仍不免走上苦命，真是所谓“注定”的了！

这是后话，暂且不提。且说大家最初对于宪政运动都抱着一腔热诚，由于宪政座谈会中屡次到会者的热烈要求，有筹备宪政促进会的发起，由座谈会中公推八十五个筹备员，除座谈会召集人廿五个参政员包括在内外，其中成份也包括国民党员，其他党派，及无党无派的热心宪政运动的社会人士：这应该是在抗战首都全国精诚团结的一个很可珍贵的象征。同时在重庆有三十几个妇女团体所发起的妇女宪政座谈会，有青年各团体代表二十五人发起的青年宪政座谈会，成都、桂林、上海、延安各处都有热烈的响应，纷纷发起宪政座谈会及宪政促进会一类的组织。

这样气象蓬勃的宪政运动应该是交了好运，为什么说是注定的苦命呢？正是因为气象愈蓬勃，苦命的关头来得越快！苦命关头的到来，首先是宪政运动消息及言论在报纸上受到封锁，在党报党刊上看到诬陷宪政运动的“理论”，其次是索性在参政员二十五人所召集宪政座谈会中实行捣乱，在各地方则严禁宪政运动的出现，在各地方报纸上连“宪政”二个字都不许出现！

## 四九　一幕悲喜剧

一方面好像要宪政，因为国父遗教中说要，国民参政会的决议案说要，领袖在国民参政会中屡次说要。但是在另一方面却又好像不要宪政，因为我们在党报党刊中可以看到满山满谷反对宪政的大作，不是说“抗战与民主，根本是两个不相容的东西”，便是说“实行民主必不利于抗战，要实行抗战必须暂时停止民主”。倘若这反对论是正确的话，那末国民参政会以及六中全会决议实施宪政的议案都是不识时务，变为毫无意义的了。他们并不顾到蒋议长在参政会中一再地说：“为应事变之不测，须提早实行宪政。”“现在我们内省国势，外察环境，要提早实施宪政。”一方面好像要宪政，另一方面又好像不要宪政，宪政运动就在这个夹缝中走上了苦命的途程！

二十五个国民参政员所发起的宪政座谈会开了四五次之后，有人发起组织宪政促进会，战时首都及各地开始响应，颇有蓬勃气象，于是党方的言论机关放出吓人的“理论”，他们说提倡宪政意在反对政府，夺取政权。他们说组织宪政促进会更是反对政府，理由是政府不做的事才用得着人民来促进，政府已经答应要做的事情，便无须人民来促进，否则便是反对政府！照他们的这样逻辑，政府要抗战建国，人民就得放弃抗战建国，否则便是反对政府！他们认为批评国民大会组织法、选举法及“五五宪草”也是反对政府！

发起宪政座谈会的若干参政员（半推半就的“陪客”当然不作声）看到这样的空气，觉得不大好。有一天蒋议长约国民参政会宪政期成会的几位参政员谈话，左舜生先生（也是宪政座谈会发起人之一）便把这种情形面告蒋议长，蒋议长允加纠正，并表示二点：（一）他希望尽可能提早实施宪政，（二）大家对于实施宪政的办法可加以研究。大家听到左先生的这个报告，颇为欣慰，但是蒋议长尽管有这样的表示，宪政运动终于不免走上苦命的途程！叶楚伧先生（当时任国民党中央党部秘书长）对人说：“研究可以，最好由少数学者在房间里研究研究，不要发表文章，来什么运动！”宪政座谈会虽然也是在“房间里”举行（在重庆银行公会楼上一个大房间里，不过比较大而已矣），可是并不限于少数学者，也不免带些“运动”的意味，于是乎糟糕！

宪政促进会的筹备员在第四次座谈会中推定，正在积极进行之中，第五次座谈会演出了一幕悲喜剧。每次座谈会的开会时间是自上午八点至十二点，那天早上七点半以前就有大批人很热心地先到，一尊尊罗汉似的坐在会议厅的周围。后来开会时间到了，召集人和向来参加的人也都到了，他们到后发现情形有点两样。有人认识新来的“客人”里不少是社会部（当时属中央党部）的职员，向来不参加的，那次忽然大批光临，但是这种座谈会原是公开于民众的，对他们的光临当然不拒绝。开会以后，他们轮流着起立破口大骂，好像放联环炮似的，他人没有开口余地。他们骂的总目的是要打消宪政促进会。他们把宪政促进会痛骂一顿之后，“提议”取消，要付表决，表决后即登报声明否认有组织宪政促进会这回事。最妙的是其中有一位老爷拍案大叫：“登报否认我出钱！”他傲然自负的是他有钱，你能拿他怎样！当时他们声势汹汹，大有打出手，演一幕全武行好戏的气概！可是当时到会的其他的人都顾全大局，无意打太极拳，十分忍耐，只由主席和平地加以解释，说宪政座谈会和宪政促进会是二件事，座谈会每次参加者并不完全相同，是流动性的，故以前发起的宪政促进会不便由后来的座谈会随便取消。但是那批“英雄”仍咆哮不已，顿脚拍案，大叫：“表决！表决！”

正在相持之间，十二点到了。银行公会原来说明十二点后该厅另有他用，不能再借，于是那批“英雄”们“无用武之地”，只得悻悻然作鸟兽散。第二天报上登出中央社发的消息，说这次座谈会已由多数“表决”否认宪政促进会的组织，其他消息一概被“封锁”。有一二家“漏网”的报，两种消息都不登。后来听说国民党中的贤明分子亦多不以此种举动为然。

其实战时首都的宪政运动，虽“运”而不能“动”，尚属幸运。上海热心宪政的人响应中央决议的宪政运动，竟被党老爷诬为与汪勾结，戴上“汉奸”帽子，那更是冤上加冤，比捣乱的办法更为巧妙得多了。

## 五〇　两种倾向

当七个关于宪政的提案在参政会第四次大会的特种委员会中被审查的时候（即关于宪政提案的一场舌战），我们在会场中所听到的言论，显然可以看出两种倾向：一种是“来宾”们对于结束党治及对抗日各党派的合法保障，主张有此必要，还有一种是“陪客”们大发挥其“不必要论”。

“请政府定期召集国民大会实施宪政案”在参政会第四次大会通过之后，在公布的言论方面也可以看出两种倾向：一种是民间的言论，热烈拥护这个决议案，强调抗战时期“要”宪政，还有一种是党报党刊上的言论，极力强调抗战时期“不要”宪政的“理论”。

但是同时兼任国民党总裁的蒋议长在参政会第四次大会闭幕词中，明明把“实施宪政”案列为第一重要的决议案，而且郑重指出：“中国欲贯彻其绝对必要之作战目的，更须动员全民，加强长期抗战之一切设施。……敌阀正百计进攻，我自不容丝毫自满，一切力量皆须发扬，一切缺陷皆须填补。……提高民权，加强国本，应为最要之务。”紧接着说：“用是决议请政府召开国民大会，建立宪政规模。”领袖公开把“实施宪政”和“中国欲贯彻其绝对必要之作战目的”及“加强国本，为最要之务”联在一起，这与党老爷们的“不要论”明明是冲突的。怎么办呢？后来“不要论”虽尚不能绝迹，但渐渐蜕变为“退后论”。于是又显然可以看出两种倾向：一种是热烈拥护实施宪政者对宪政作“进步”的解释和主张，还有一种是心里“不要”宪政而表面上似乎不好意思继续公开反对宪政而对宪政作“退后”的解释和主张。最有趣的表现是这两方面所引用的国父遗教及领袖言论，也截然各有趋向，分别得清楚明了。例如上述的蒋议长在参政会第四次大会闭幕词中所说的几句拥护宪政的话，你在民间的言论，无论是日报上或刊物上的社论专论，随便都可以看到被引用着，而在党报党刊上却没有一处寻得出。又例如国父中山先生对中国应采的民主政治有几句很重要的话，他说：“近世各国，所谓民权制度，往往为资产阶级所专有，适成为压迫平民之工具，若国民党之民权主义，则为一般平民所共有，非少数者所得而私也。”这几句话也在民间的言论上很广地被引用着，但是在党报党刊上也是寻不见的。

党报党刊上引用得最多的是曲解国父遗教中的两段话。一段是中山先生在“民权主义”演讲中反对“一片散沙”的“自由”，引用者的意思是要借此表现人民争取宪法上的自由是不应该的，也就是表示宪政运动是无意义的。但是中山先生所反对的是“一片散沙”的“自由”，而并非根本反对人民在宪法上应有的自由。这有二件事可以证明，一件事是中山先生曾经不满意临时约法，说因为它一没有规定具体的民权，因此他郑重声明：只有“中华民国主权属于国民全体那一条，是兄弟所主张的，其余各条都不是兄弟的意思，兄弟不负那个责任”（见五权宪法演讲）。还有一件事是中山先生所手订的《中国国民党第一次全国代表大会宣言》的“对内政策”，明白规定“确定人民有集会、结社、言论、出版、居住、信仰之完全自由权”。可见要想曲解中山先生反对“一片散沙”的“自由”来反对人民争取宪法上的自由，实在是很可笑的。

党报党刊上最喜引用的还有一段是中山先生在《孙文学说》一书中说及我国国内革命战争（在当时指的是打倒北洋军阀的战争），不宜“于开战之初即施行宪政”，并提及上次世界大战参战的国家，有“停止宪政行军政”的话。引用者没有或不愿想到当时全国除广州一隅外，都为北洋军阀及其代理人所盘据，非先“用兵力扫除国内之障碍”不可，否则无异赞成北洋军阀的统治，现在是要在国民政府统辖的广大区域实行宪政，形势完全不同。而且只有像日本帝国主义者那样从事侵略战争，才用得着剥夺人民的民主权利，以压制人民反战。中国是反抗侵略的国家，人民一致拥护抗战。实行民主政治，只有更加强国力，巩固团结，这也是很显然的。可是在断章取义利用中山先生的话来反对宪政的，却不愿想到这种种的异点，只看到“停止宪政”四个字，不管三七二十一，便乐不可支了！

还有一件事的争执也足以表现“进步”和“退后”的两种倾向，那就是关于国民大会和宪法草案问题。所谓召集国民大会是另来一个真能代表民意的国民大会呢，还是仍然舍不得二三年前（就当时说；就现在说已是四五年前了）“秽德彰闻”的国民大会呢？（已有不少的代表参加了傀儡组织。）民间舆论主张前者，党报党刊主张后者。最初还许稍稍批评，后来说是有关政府法令，连讨论都一概不许，凡有讨论这件事的文章一概被审查老爷扣留。其实，那个“秽德彰闻”的“老会”虽是曾经政府用法令召集的，但政府也未尝不可根据舆情再用法令来一个“新会”，这对于政府的威信并无丝毫妨碍的。那个“五五宪草”是民国二十五年公布的，抗战二年多了（亦就当时说），一切情形变化了许多，“旧草”已不能适合新的要求，实在应该废除，至少要加以很大的修改。民间舆论这样主张，而党报党刊却极力反对。

中山先生的遗教是充满着进步的成份，但是有人一定要替他开倒车。中国是向着进步的大道前进，但是有人一定要拉她向后转。这不是太令人痛心的事情吗？

“必要”和“不必要”的争执，“要”和“不要”的争执，“进步”和“退后”的争执；形式虽有差异，本质却是相同。这是当前中国政治意识的两种倾向。（我本想用“政治思潮”四字，已写了下来，转念“退后”有什么“潮”之可言，还是改写“政治意识”算了罢。）

## 五一　对宪政的最后挣扎

国民参政会本来是每三个月开会一次，开会期十天。依“请客”条例第五条的规定，要“国民政府认为有必要时”，“得延长其会期”，但向来都在十天内赶完，没有一次“延长”过。自第四次大会起，把三个月开会一次改为六个月开会一次。当这个消息公布的时候，在野各抗日党派的“来宾”们有一次在聚会中曾对此事有所商议，大家感觉到国事在很紧张急逼的情况中，有许多问题亟待大家商决，把三个月改为六个月似乎不很适当。讨论结果，觉得我们既是由“主人”请来的“来宾”，现在“主人”认为没有三个月请一次客的必要，倘若“来宾”们一定要“主人”非三个月请一次客不可，似乎不好意思，只好随“主人”的便罢。

但是大家一方面看到宪政运动走上苦命的途程，一方面看到国共及党派团结问题日趋严重，物价问题亦日趋严重，不免忧虑。鉴于巩固团结及救济经济，在在都与政治的改革，即民主政治的实现，发生密切的关系，所以在民国二十九年四月一日召集的国民参政会第五次大会，大家对于实施宪政又努力来一次推动，由国民参政会宪政期成会提出《中华民国宪法草案（五五宪草）修正草案》。这个修正案根据三个重要的参考材料：一个是教授派的“来宾”提出的“‘五五宪草’修正草案”，一个是救国会派的“来宾”提出的“对于‘五五宪草’的意见”，还有一个是共产党的“来宾”提出的关于国民大会组织法、选举法及“五五宪草”的意见。于此可见大家虽在宪政运动走上苦命的途程中，仍不消极，仍对民主政治作最后的挣扎。

我在这里不想详细讨论这个修正案的整个内容，一则因为篇幅不许，二则因为详细讨论需要另写一本书。但是我要把这次大会辩论最激烈的一点指出，就是该修正案中采用了教授派“来宾”所建议的，在国民大会闭会期间需要设立一个常设机构，名叫“国民议政会”。依草案规定国民大会每三年才由总统召集一次，会期只一个月，故修正案建议在国民大会闭会期间，设国民大会议政会，人数较少，开会较易，每六个月得集会一次。这是教授派“来宾”的建议。其他在野的各抗日党派的“来宾”，只感觉到国民大会既须每三年才开会一次，在闭会期间必有不少重要国事需要民意机关处理，故有一个常设机关或常务委员会之类的机构之必要，至于名称及职权如何规定，倒没有什么一定的成见，尽可由大家从长计议。可是这件事却引起了“陪客”们的激烈反对，于是又掀起一番大舌战。有一位“陪客”起来破口大骂，在实际上简直等于表示宪政是不必要的！他的一顿大骂，不但使在野各抗日党派的“来宾”听了为之寒心，即国民党中的贤明分子曾经参加旁听席的，也为之摇头叹息，事后告诉记者的一位朋友，表示愤慨。

这位“陪客”对宪政的破口大骂，就他个人说，大家并不重视，但是因为他是“陪客”，“陪客”在国民参政会中是受“党团”（即国民党在参政会中的党的小组）指挥的，大家把他看作国民党在参政会中的代言人，看到他的失态，听到他的胡说八道，那就不得不对宪政前途冷了半截。

而且还余下未冷的半截，也还保不住！上述的宪草修正案，是在这次大会第五日提出讨论的，当时因在傍晚，即将休会，只将宪草修正案全文逐条宣读，并由宪政期成会召集人张君劢先生出席说明修正案要点后，即由蒋议长宣告当日休会时间已到，本案于第二日大会再行详细讨论，并郑重声明，只有大家自由发表意见，才能得到圆满的结果，希望第二日大家多多自由发表意见。不料第二日只有八九人对“议政会”应否设立的一点发言之后（某“陪客”的破口大骂也包括在内），尚未得到结论，其他各点更未有一句话讨论到，宣告休息十分钟后，再行开会，秘书长王世杰忽然恭恭敬敬双手捧着议长的字条，十分严肃地踱着方步由主席台走到报告台（在主席台前面，略低）宣读一遍，即算决议。内容如下：

（一）本会宪政期成会草拟之中华民国宪法草案修正案，暨其附带建议及反对设置国民大会议政会之意见，并送政府。

前项反对意见，由秘书处征询发言人意见后，予以整理。

（二）参政员对于宪政期成会修正案其他部分持异

> 议者，如有四十人以上之联署，并于五月十五日以前（按：开会的那一天为二十九年四月六日），送本会秘书处，应由秘书处移送政府。

宪草修正案原为国民参政会第五次大会最中心的议案，也是国民参政会宪政期成会的唯一结晶品，这样干脆地结束，在“陪客”们也许以省事为无量幸福，在“来宾”们却好像冷水浇背，不胜寒心。其实寒心大可不必，即令真由“大家自由发表意见”，“得到圆满的结果”，到如今还不是留在纸上吗？

## 五二　虚文与实行

“来宾”们在国民参政会第五次大会中，对于宪政的最后挣扎，昨天已报告过。除正面的提案如宪草修正案之类的以外，还有有关宪政的侧面的提案值得注意的，不可不一谈。说起宪政运动，大家很容易只想到国民大会的召集，宪法的制定与颁布，而忽视当前的最低限度民权的保障。其实当前仅有的保障人民权利的法律如不能切实执行，将来的宪法即令能适合人民的要求，也不过是等于废纸罢了。这一点的重要性，国民参政会的“来宾”们也深刻地感觉到。关于这方面，有三个提案：一个是光昇先生所提的“请政府从速建立民治及法治信条以为施行宪政准备案”，一个是张申府先生所提的“请政府在实施宪政之前，切实执行《训政时期约法》《抗战建国纲领》及本会第四次大会决议之人民政治地位与集中各方人才两条治标办法案”，还有一个是记者所提的“严禁违法拘捕，迅速实行《提审法》，以保障人民身体自由案”。

请先谈第一案。该案在“理由”方面指出：“自政府宣布定期召集国民大会，制定宪法，国内人士群起公开讨论，大抵皆关于制宪程序问题，至于宪法公布后，如何使之见诸实行，似乎尚少注及。盖宪政者包含两种要素而成，一即民治，一即法治。民治者对于官治之谓，法治者对于人治之谓。中国承人治官治之后，施行宪政，写在纸片上之一篇宪法，不是新年桃符，一贴上就可以万事大吉。公布后还要人民能够运用，政府能够遵守。运用与遵守，须有民治及法治两种信条，是为施行宪政之基本条件。”

该案提出“建立民治信条之办法”三项：甲、确实建设基层民主组织，以奠定民治基础。乙、基层组织之民权行使，必须名实相符，使人民得到运用政治之实验。丙、基层政治之设施，必使人民积极参预，以增加民治运用之兴趣及信念。该提案在说明中并指出目前所实行的乡镇新制，设立乡公所及开乡民大会，只是旧有的保甲的改头换面，“本未选举而曰依法投票，本未召集而曰依法开会，记事录、决议录，无一不可以意为之！”主张须“使官吏对于人民负责……办理违法，人民有拒绝选举之权，政府不专据官吏一方报告。而基层政治之设施，与人民关系密切，必使教养卫及其财务收支诸事皆由人民积极参加，不任官吏上下其手，庶可引起群众注意政治，增加其兴趣及信念”。民众必须有组织地参加政治，然后“官吏至上”“官官相护”的恶劣作风才有改善的希望。民主政治的真正实现与政治的改革有着不可分离的关系，原因也就在此。

该案并提出“建立法治信条之办法”三项：甲、政府特颁命令，以确定法治宣告全国，树立法治。乙、废除妨碍法治之权制，严禁官吏一切非法处置。丙、使监察及司法机关，切实行使职权，以增强法治保证。该案在说明中指出应该“严禁官吏非法侵害人民生命财产自由，以使法律一元化，而政治法律化”。并指出：“今有监察机关，所察不过例行轻微案件，有司法机关，所司不出普通民刑诉讼，其关于行政上之风纪有特须弹劾检举者，率皆熟视无睹，莫与过问。罔法者习为固然，被害者无所控告。”

第二案的题目特长，该案的注重点，看了题目就已明了。关于人民的言论、出版、集会、结社自由的合法保障，《训政时期约法》及《抗战建国纲领》都有明文规定，但在实际上都成了具文。参政会第四次大会所决议的两条治标办法，也在旧纸堆里永远睡觉，所以该案特再作“切实执行”的呼吁。

以上二案经大会的决议，都是“送请政府切实注意”。直到现在，究竟“切实注意”了没有，这是大家看到眼前的事实所能自下判断的。

这些提案都是经过审查委员会审查，并经大会通过的。看了这些提案的内容，便知道中国政治病在徒有虚文而不切实执行。“表面与骨子脱节”，已成为稍稍留意中国政治者的一般的认识了。

## 五三　严禁违法拘捕的建议

在国民参政会第五次大会中，除了上次所谈过的光昇和张申府二位先生所提的提案有关宪政的基本条件外，还有一个是记者所提的“严禁违法拘捕，迅速实行《提审法》，以保障人民身体自由案”。

建立法治精神，是民主政治的一个主要的特征（参看拙著《宪政与民主》一文，载《理论与现实》第三期，现收入《宪政运动论文选集》一书）。依各国民主运动史看来，尤其主要的是人民的身体自由在法律上及实际上须有切实的保障，非依法律不得逮捕囚禁。在英国便有所谓“身体保护状”（Habeas Corpus）的规定，严禁违法逮捕的行为。人民的身体自由如得不到法律上、实际上切实的保障，什么言论、出版、集会、结社自由，都谈不到！曾经参加“五五宪草”起草的立法委员吴经熊、黄公觉二先生在他们所著的《中国制宪史》一书中，论及民权时，曾引证伍朝枢先生致孙哲生先生论北洋军阀蹂躏人民一信中语：“军阀专横，官吏恣肆，对于人民身体自由，任意蹂躏，往往无故加以拘禁。拘时固不经法定手续，拘后则审讯无期，又不开释，致令久禁囹圄，呼吁无门。即有亲友营救，除请托及贿赂外，更无途径可寻。其结果有不宣布理由而径行释放者，甚至擅处私刑者。似此黑暗情状，计惟有吾国历史所谓乱世及欧洲中古时代始有之。”这一段话说得多么沉痛！这种“黑暗情状”便是民主政治的仇敌。欧洲人民百余年来所以拼死力争，努力于宪政运动的，就是要替自己免除这种沉痛的现象。现在我们是有着三民主义的政府，我绝对无意把它比作“北洋军阀”，但是因为政治尚未改善，“特务”横行，违法拘捕囚禁的惨剧层见叠出，却是无可讳言的事实。

在国民参政会第五次大会以前，我已参加了四次大会，我很沉痛地感觉到我所提出的提案，乃至许多其他“来宾”的提案，尽管经大会通过，在事实上凡是比较重要的提案都只是等于废纸。尤其明显的是关于实施宪政的要案，无论“治本办法”也好，“治标办法”也好，有那一点“切实执行”过？但是在第五次开会时，我仍抱着一线的希望，提出“严禁违法拘捕”的提案，作最后的尝试。

这提案在“理由”方面指出：“关于人民身体自由之保障，中华民国《训政时期约法》第八条原有如下的规定，‘人民非依法律不得逮捕、拘禁、审问、处罚，人民因犯罪嫌疑被逮捕拘禁者，其执行逮捕或拘禁之机关，至迟应于二十四小时内移送审判机关审问，本人或他人并得依法请求于二十四小时内提审。’又按《刑事诉讼法》之规定，除现行犯外（例如强盗或替敌人放警号的汉奸，必须当场拘捕，不能等待。——记者注），拘捕时必须有法院所出之拘票，执行时必须以拘票示被告，但在事实上，全国各省并未完全切实遵行。无逮捕人民职权之机关，往往越权，虽有逮捕人民职权之机关，亦往往滥用职权。……”

在“办法”方面，该提案建议：“除请政府督饬全国各机关，须严格执行《约法》及《刑事诉讼法》所规定，违者应严加惩处外，须迅速限期实行民国二十四年六月二十一日国民政府公布而尚未确定施行日期之《提审法》。”《提审法》对于保障人民身体自由为什么有相当重要的意义呢？这不得不略述该法的大概内容。例如依所公布的《提审法》，人民被法院以外的任何机关非法逮捕拘禁时，本人或其亲属得向地方法院或其所隶属的高等法院声请提审（见该法第一条）。人民逮捕拘禁时，其执行机关应即将逮捕拘禁的原因，以书面示知本人及其最近亲属，至迟不得逾二十四小时（见该法第二条）。法院接受声请后，得摘录声请要旨，通知逮捕拘禁机关限期具复（见该法第四条）。地方法院如对声请之裁定不公，人民得抗告于上级法院（见该法第五条）。法院接受声请书状或逮捕拘禁机关复文后，对于提审之声请认为有理由者，应于二十四小时内向逮捕拘禁机关发提审票（见该法第六条）。该提案认为已经政府公布而尚未实行的《提审法》虽未尽完善，但如能切实执行，对人民身体自由之保障，显然可得进一步的保证。

这个提案经大会决议：送请政府切实执行。后来“送请政府”之后，结果怎样呢？结果等到宪法公布实行之后再说！于是“切实执行”尚保留在纸面上！

## 五四　“笔杆暴动”

抗战爆发以后，全国对于实现民主政治的要求，其目标在巩固团结，改善政治，动员民力，加强抗战的新生力量，加速抗战最后胜利的到来，在实际上和协助政府贯彻抗战国策只有裨益而无妨害。但是很不幸的是自第一届国民参政会第四次大会通过实施宪政案（民国二十八年九月）以后，至第五次大会对宪政作最后的挣扎（民国二十九年四月），在这七个月的时期，宪政运动由蓬勃气象走上苦命的途程，自第一届国民参政会第五次大会至第二届国民参政会第一次大会（今年三月），在这十二个月的时期，宪政运动完全消沉，政治逆流愈趋愈烈。在这种逆流之下，发生了不少出乎意料之外的事情，我现在要谈的第一件事是关于毫无事实根据的“笔杆暴动”的“谣言攻势”。

这“谣言攻势”的经过大概如此：在去年五月初旬，参谋总长兼军政部部长何应钦在国防最高会议中报告（那次是孔院长主席），说据“情报”沙千里、沈钧儒及我将于去年“七七”在重庆领导暴动，如不成，将于去年“双十”再暴动！当场即有二三位比较明白的党国要人起来纠正，说这几个人绝对不会干这样的事情，必然是有人故意挑拨离间，企图破坏抗战分子的精诚团结。但当场也有陈果夫先生起来认为这事有可能！我们听到这个消息之后，诧为奇闻，最初一笑置之，认为无辩明的价值，但是后来听说各军警机关及下级党部都得到关于此事的密令，嘱严密防范。我和沈、沙二先生觉得此事显然是有组织的“谣言攻势”，便三人同往军事委员会访问何应钦氏，详询这件事的原委。何氏亲自出来接见。他承认确有此报告，并叫某参谋拿出书面报告来，讲给我们听，大意说是根据政治部干训团的两个自首学生的报告，说我们三人定于“七七”领导暴动，沙千里主持沙坪坝（这是一个学校区，有不少大学中学）一带的暴动，我和沈先生主持重庆城里的暴动，总指挥已委定某某（何说时曾举出姓名，我现在已记不起来）。我还有一个管理军械的重要任务，自首的两个学生中有一个姓胡的，（何说时也举出名字，系单名，我现在亦记不起。）曾经来看过我，说我军械已布置好，只要用时到我那里领取就行。暴动日期定在“七七”，如不成功，则改到“双十”节！

我们听完这段奇闻，都感觉到太有趣了！我问何氏那两个自首的学生现在在那里，可否叫出来对质，他说党部方面为安全计，已把他们好好地藏在别处去了。我们说陪都军警森严，特务密布，军械不是小东西，究竟有无，不难查明，而且我们平日拥护抗战国策的言行，光明磊落，一切公开，暴动是否我们干的事情，显然易见，何总长竟然相信此种无稽谣言，报告于国防最高会议，实属不可思议！何氏很客气地说：“我相信诸位先生绝不会干这样的事情，这个报告恐怕是汉奸有意挑拨，企图使政府把诸位先生一抓，便可在后方引起很大的骚乱，我是不相信这个情报的，请诸位先生不必介意。”他这样表示，我们也没有话说，以为这件事可以告一段落了。

说起来真是天晓得！我在重庆所住的地方，就在陈果夫先生的公馆一个大门内的另一座屋子，我因出不起大的租费，只在那座屋子楼下租了一个房间，全家在内，除一妻外，三个小孩由学校回来也挤在一起，真是济济一室。现在很流行的用语，指笔和书报为“笔枪纸弹”，在我这个狭小的济济一室里面，几支“笔枪”和几架“纸弹”是有的，军械实在放不下，而且搬出搬进，要经过陈公馆的传达室，也瞒不住我的贵邻居。

但是事实虽如此，而“密令”仍然继续地发出，有好些朋友亲眼看见这个“密令”，纷纷又来告诉我们。到了去年“七七”的前一天，我因为白天专心致志多造了一些“纸弹”（请注意不是子弹！）疲顿不堪，忘记了第二日就是我应该“领导暴动”的重要日期，晚饭后八点钟就鼾睡，像死人似的一睡直睡到天亮，刚从床上滚起来，我的妻就现着十分诧异的神气，说前一夜里及当天早晨，我们的门口，沿马路的右边（竹篱隔开），以及后门，都有好几位持枪实弹的武装同志防守着，不知道为的什么事情？我初听的时候也摸不着头脑，抓抓头深思远虑一下，才恍然大悟这一天是我应该起来“领导暴动”的日期，几位武装同志大概是来保护“军械”的！我把这个意思告诉了我那诧异万分的妻，彼此都不免大笑了一番。不但我们禁不住大笑，后来遇着我们的许多的朋友谈到这幕“喜剧”，他们也都禁不住大笑。

“七七”平静地过去了，不久将来到“双十”，又有朋友纷纷来说，各军警机关及各级党部又接到“密令”，说我们几个人又要在“双十”那一天“领导暴动”了，仍然督促他们要格外小心防范！我们写信去质问何应钦氏，他在前次谈话中既郑重声明不相信那无稽的“情报”，为什么仍然发生这样的怪剧，他回信说，查无其事。当面郑重声明是一件事，暗中的“密令”又是一件事，当前的政治奥妙就在此，×××××××××××××。[1]

---

[1] 系香港政府新闻检查处删去的地方，本书第一次出版时已找不到原稿，无法补上。本书后面还有几篇文章中有“×××”之处，均属同一原因。——编者注

## 五五 “笔杆暴动”与青年惨剧

昨天和诸位谈过“笔杆暴动”的奇谣，最令人惨然者，是有一大群的无辜青年，竟因此奇谣而受到惨酷的遭遇。

在四川綦江有政治部干训团，学生千余人，忽有青年被诬，说他们也将由沙先生和我“笔杆暴动”所“领导”，即由该团加以拘捕，由该团教官加以刑讯，拷打成供，由一二人株连到数十人，由数十人株连到一二百人，加以“暴动”的罪名还不够，又用刑讯（据说是吊起来酷打）逼出一二人承认是“汉奸”，由被逼供的一二人又株连至数十人，又由数十人株连至一二百人，于是总数达四五百人之多！结果打死了十几人，重伤了数十人。后来不知怎样闹到中央知道，特由中央提审，因人数过多，分由三个机关审问：一个是宪兵第三团，一个是调查统计局（即属中央党部系统的特务总机关），一个是军政部的军法处。

军法处用的虽是“军法”，但究竟还讲一些“法”，承审的军法官们迭次审问，觉各人口供的差异甚多，同一案件，各人口供太不一致，颇生疑窦，但在审问时，干训团派有教官旁听，被诬的青年不敢明说，仍然忍痛承认。后来军法官审至深夜不退，出席旁听的教官听得疲倦，先去睡觉，军法官乘此机会，再三询问被诬的青年，说："你们的口供属于一件事，为什么有许多不同的地方，应从实招来。"青年们其先还支吾不敢直说，经军法官再三询问，他们泪如雨下，呜咽着说："我们在綦江受审时，实在忍受不住酷刑，所以造出这样的口供，以免暂时的痛苦。"

在这些无辜的青年里面，可以举出两个人的口供内容做例子。一个是在綦江受刑不能再忍，说他用无线电收音机与外面通消息，但是教官听了这话还不满意，一定要迫他拿出证据来，他因受刑太酷，又只得自己想法找证据，便偷到勤务兵的一个表，把外壳取下丢掉，把内部齿轮等物取下，下次受审时即拿出来当作无线电收音机的零件，这样就定了他的罪状！军法官听到了这种情形之后，就问他表壳丢在什么地方，他说丢在綦江干训团所在地的粪坑里。军法官为证实起见，第二日即派妥实人员到綦江该地去捣粪坑，总算这位无辜青年的万幸，这表壳居然尚在粪坑里，被捣了出来，他的冤抑才得了伸雪。

还有一个青年被教官判定为"汉奸"，唯一的根据是他写给他的姑母请求汇款接济的一封信（大概是未发被检的）。

他受刑难堪，就说信内所称姑母是日本人的代名词，这样也就定了他的罪状！军法官问他究竟有没有姑母，现在是否仍在湖南某处（是否湖南我已经记不清。——记者注），他说确有姑母，仍在湖南某处。军法官特照地址打电报叫他的姑母赶来，结果真是有一个姑母，并非日本人！这个青年的冤抑也得到了伸雪。

这个冤案一部分经军法处这样平反之后，死的酌给恤金，伤者送医院医治，但听说还有十几人仍在调查统计局里面，迄未释放。军法处认为干训团当局这样摧残无辜青年，太不成话，再三建议于何部长，认为必须秉公惩办几个，结果捕到四个教官，但也有一部分人极力袒护他们，现在究竟办了没有，则不得而知。但无论如何，惨死者不得复生，重伤者不免残废，真是人生至此，天道宁论！谈到这里，人权保障运动，安得不引起人们的深切的同情！

以上所述的情形，是有亲加审问这个案件里面的人认得褚辅成先生（褚先生是国民党老党员、国民参政员）和沈钧儒先生，亲口告诉他们的，我所记下也许有遗漏或不详之处，但是这个事实是完全正确的。因为我自己连同沈、沙二先生也曾经受到这同样的诬蔑，所以我听到那样多的无辜的青年遭受那样惨的无妄之灾，使我悲慨之情，格外深刻，惨凄印象，永不绝于我心。××××××××××××××××××××××××××××××××××××！

## 五六　万方感念的马寅初先生

民国二十八年九月九日举行的国民参政会第四次大会决议案所引起的宪政运动走上了苦命途程，民国二十九年四月一日举行的国民参政会第五次大会对宪政虽作了最后的挣扎，结果自从那时以后，宪政运动完全消沉，党派摩擦变本加厉，政治逆流继长增高。前昨两日所谈到的故事，都是在这逆流漩涡中，汹涌着的波涛。今天要谈的是被这逆流所侵袭的万方感念的马寅初先生。

马寅初先生桃李满天下，是全国闻名的经济学者，是中国经济学社的社长，是立法院委员及该院财务委员会的委员长，是重庆大学商学院院长，是中国银行顾问，听说国民政府从前尚在南京的时候，蒋委员长还请他教过经济学，年龄已有六十岁了。他自己老实说，以他的境遇，足够温饱，有妻子，有子女，家庭融和愉乐，但是他为爱国心所推动，对国事不得不说话。现在那些反民主论者，一听到言论自由，便加上为个人谋自由的罪名，马先生所争取的言论自由可以证明绝对不是为个人谋自由，完全是为着国家民族的利益。要明白这一点，须略述马先生对于战时的经济的主张。

关于战时经济的主张，马先生曾在《时事类编》上发表过二篇文章，后来又曾在重庆大学及中华职教社星期讲座演讲过。他痛恨不顾国家民族利益的大发国难财的权贵巨宦，他主张开办临时财产税。他在《时事类编》上所发表的文章，记者手边虽没有，但他去年十月六日在香港《工商日报》上所发表的《西南经济建设与继续抗战之先决条件》一文，及去年十二月八日在香港《大公报》所发表的《战后的经济问题》一文，对此事也曾经提及，可见一斑。在前一文里有这样的几句话："现在前方抗战，百十万之将士牺牲头颅热血，几千万之人民流离颠沛，无家可归，而后方之达官资本家，不但于政府无所贡献，且趁火打劫，大发横财，忍心害理，孰甚于此！征收半数之资本税，岂尚有所顾惜耶？中国今日发国难财者，除商人外，尚有利用政治力量而发财者，此种行为本非官吏所应有，故欲实行资本税，必须先自发国难财之大官始。……此事固属财政部所应为者，惟恐力量不足，难以胜任，不能不期望于全国一致拥护之蒋委员长毅然施行，其裨益于抗战前途者正不下于前方战士之忠勇也！”在后一文里有这样的几句话：“中国的‘大贪污’，其误国之罪，远在奸商汉奸之上。吾人以千数百万同胞之死伤，数百万万财产之损失，希冀获得胜利，以求民族之快快复兴，决不愿以如是巨大之牺牲来交换几个大财神，将吾人经济命脉，操在手中，此岂抗战之用意乎？……全国智识阶级应从速一致团结，要求政府对发国难财者从速开办临时财产税，将其所获得的不义之财全部提出，贡献于国家，以为其余发国难财者倡。”

充满正义感的马老先生，苦口婆心，为大众呼吁，言人所欲言，言人所不敢言，但竟因此而遭受无妄之灾。先有“特务”去恫吓他，当面对他说，如他再这样“攻击”“要人”，要他吃手枪，马先生说他的话都是有实据的，他非说不可。去年十二月他被宪兵一连到重庆大学里捕去，第二天又被宪兵押回学校，迫令辞去商学院院长职，再押出去，重庆大学的同学挥泪相送，虽在新闻封锁之下，震动了整个陪都。后来官方的消息是“遣送前方调查经济”。有几个重庆大学的学生自动地来看我，含泪要求主持公道，救救他们的老师，我受到深深的感动，尝试写了一篇短评，用极和婉的言辞，略述马先生的战时经济主张实出于爱国热诚，以经济专家“遣送前方调查经济”，原也是一件好事，但希望二点：一是马先生的行踪，能公开让社会知道；一是马先生所调查的材料，能公开让社会知道。审查老爷驳斥不许发表，老爷的“批示”说把马先生的主张和到前方调查放在一起，而且表示对马先生的行踪不信任，不妥，免登！天呀！主张和调查放在一起犯了什么错误？马先生的“行踪”，我们根本不知道，“信任”不“信任”从何说起呢？这真是“不妥”到了万分！但是老爷“要怎么办就怎么办”，我只得对不住那几位含泪为无辜老师哀求的学生了。

最近（三月三十日）重庆大学商学院同学为他们所敬爱的“马院长”遥祝六十寿辰，筹备在这天开个纪念会，聊表尊师敬道之意！但是学校当局贴出了“奉教部令缓开”的布告，同学们也只得忍痛发出“奉令停止举行”的通知。但是人心未死，正义难抑，终于因为远道来宾来了不少，不得不临时就课堂布置一个寿堂，举行一个茶会，除了该院三四百男女同学外，加上不少来宾，颇极一时之盛。据说马先生自从“遣送前方调查经济”之后，没有过一个字给他的家属和朋友，那天他的女儿凄凉地说：“我们给爸爸去信由侍从室第二科转，收到没有就不知道了！”

那天同学们为他们所敬爱的老师悬着“明师永寿”四个大金字，除陈列马先生的著作外，并有誊写精细的“马师语录”，其中有几句话：“我是忠实的国民党党员，所以我关心着国民党的进步。……”马先生没有料到正因为“关心着国民党的进步”，他才有今天！如果他肯追随“倒退”，摧残“进步”，早已“安富尊荣”了！

## 五七　郭先生的和尚妙喻

在政治逆流中艰苦支撑着的郭沫若先生，说出了一段和尚妙喻，在陪都文化界中曾传诵一时。

张治中氏担任政治部部长之后，设立了一个文化工作委员会，请郭沫若先生担任主任委员，并延揽了十几个文化知名之士担任委员，在最初阶段，工作很积极，例如他们在重庆国泰影戏院所举行的文艺演讲会，到者数千人，挤得水泄不通，盛极一时，只在前一天报上登有寥寥数行的简单消息，沙坪坝学校区的青年因第二天晨八时即开会，临时赶进城恐怕来不及，特于前一晚成群结队进城歇宿一夜，挤满了旅馆和亲戚人家，空前的热烈情况，几于轰动了全城。他们也开过较大规模的国际问题座谈会。但是他们的工作虽在短时期内得到相当的开展，终于受到逆流的影响，很快地消沉下去。

有一天张部长特到该会向全体委员演讲至三小时之久，他举出二点：（一）政治部中其他的部分认为文化工作委员会是“租界”，因为这里面有的是左翼作家，都是党外人，即不是国民党的党员；（二）他主张取消“租界”，即请大家都加入国民党。此外他费了很多的时间说明“新四军事件”完全是军纪军令问题，内战已成为历史上的东西。其实如果完全是军纪军令问题，那只是一件极简单的事情，与政治无关，与文化更无关，大可不必费许多时间在所谓文化工作委员会里说明的。

大家倾听了张部长三小时之久的演说后，由主任委员郭先生起来答复，他对于内战当成为历史上的名词，致诚挚的希望，他说现在全国同胞不要内战，同情中国抗战的友邦不要中国有内战，领袖也表示不要内战，在这样的情况之下，如有人仍发动内战，那是必要受到全国的制裁。郭先生的慷慨陈词，说出了全国爱国同胞心坎中所要说的话。

对于取消“租界”及全体入党的问题，怎样答复呢？郭先生很坦白而诚恳地说，加入国民党本来不成问题，他自己以前也做过国民党的党员，不过为三民主义而奋斗，重在行动上实际上执行三民主义，形式上的加入不加入，并不是重要的问题。他接着说相信佛教的不一定做和尚，做和尚的不一定都是相信佛教的，所以不一定要加入。

这个譬喻是很扼要而有趣的。和尚庙里的和尚领袖们希望多收些和尚徒弟，这一点，我们不但不反对，而且是相当同情的，但是有二点很值得注意：第一点，是要出于人们的自动，不要强迫，不要乱拉，因被强迫饮泣吞声而做和尚，或由乱拉而增加了不少的和尚，不但于和尚庙毫无益处，而且要在社会上引起很大的纠纷，如果南无阿弥陀佛在天有灵，一定也是不以为然的。第二点，是先要注意把和尚庙内部以及已有的和尚整顿整顿。倘若一党的总裁可以比作一庙的方丈，“方丈”就曾经很贤明指出有“许多同志因循怠忽，忘却了当前的艰难和危险”。（我们当然不否认这个庙里也有信仰佛教的好和尚。）还有人很坦白地指出“那些信徒至少有百分之五十简直是‘吃教’的骗子”（见香港国民党报《国民日报》三月十二日社论）。和尚庙里有着这样多的“吃教骗子”不守清规的野和尚，实在有迅速“清庙”的必要，其重要性和急迫性实在超过多拉几个新和尚。

关于“租界”云云，郭先生也有几句警语。他说各委员受宠若惊，被称为“左翼作家”，左翼作家是马克思主义者。但在另一方面又被加上“开辟租界”的罪名，一变而为帝国主义者！他说他已感到干不了，就来请部长“收回租界”罢。

张部长表示他要“取消租界”，不要“收回租界”。但是听说“租界”虽未即“收回”，实际工作已难发展。

国父曾主张“以主义治国，不是以党员治国”，这意思当然不是说不要党员，但至少承认党员之外还有国民的存在，全国国民要信仰三民主义，但全国国民都做党员，不但不可能，也无此必要；因为假使那样，个个国民须做党员，即是整个的中华民国，何必再称什么国民党呢？明白了这一点，便知道把党外人，看作“租界”是不合理的。这于党无益，于国有害，是很显然的。

## 五八　故事的象征

这几天我和诸位朋友所谈的几个故事，都是政治逆流中的几个象征。我们所要注意的不只是几个分散着的个别的故事，而是要注意这些故事所象征的政治上的倾向。这一点非常重要。我要重提一句老话，就是不要只见树木而不见森林。我最近告诉诸位的几个故事，只是撮述比较可以公布的几个故事。（至于多少有关国防，有关军事，有关外交的故事，那都是不便公布的。）这几个故事的内容，已成过去，含冤的冤沉海底，遭难的呼吁无门，并不是说公布之后就有挽回或伸雪的希望。而所须特别注意的是这些故事所象征的政治倾向，由此加强政治改革的要求和运动，唤起国人对于政治改革的重要性和急迫性的认识，群策群力，从积极方面对政治改革加紧努力。政治能上轨道，民主政治能真正实现，由政治逆流所产生的种种不合理的现象，才有消除或不再出现的可能。这是我们应该集中注意的焦点，也是记者忍痛追述几个故事的动机所在。

国父中山先生曾经说过："如果政治不良，在国家里头无论什么问题，都不能解决。"这个遗训，在今日看来，尤其是令人感到亲切有味。在今日，政治的改革，和抗战必胜建国必成是有着不可分离的关系。

在我谈到“逆流中的一个文化堡垒”之前，所以要首先提出这一点——要注意故事所象征的政治上的倾向——是因为有些人故意掩蔽政治上的逆流，隐藏政治逆流所产生的罪恶，把摧残进步文化事业的严重事实，轻轻说是“区区几家商店的封闭”，企图由此欺骗社会，聊以遮羞。他们不敢说“书店”而扭扭捏捏地说“商店”，已十足表现他们“做贼心虚”。“书店”一望而知与文化事业有关，如今想以一手掩尽天下耳目（？），把“书店”改为“商店”，那范围便广泛得多，老爷要“封闭”小百姓开的“区区几家商店”，实在是无足轻重，算不了一回事！

其实即在老爷想尽办法，使“店”和“书”脱离关系之后，放胆“封闭”“区区几家商店”，在老爷们认为“区区”无足措意，在我们小百姓看来，这件“区区”一事的象征，在政治上的意义仍然是相当严重的。因为人民的生命财产及谋生自由，无论小百姓怎样“区区”，也是应该得到国家的合法保障的。几家商店，在腰缠万贯的老爷们看来只是“区区”，在小百姓方面却是很重要的。但是在真正“国家至上”

的原则下，构成国家基础的每一个小百姓都是被重视的，都是要依法保障的，在“官吏至上”或“党官至上”的情况下，小百姓的“商店”尽管在小百姓看得重要，在老爷们的心目只有“区区”的微细的地位，要“封闭”就“封闭”，完全是不应该叫一声冤的“区区”小事！但是一个小百姓可以被老爷任意蹂躏，千百个小百姓也何尝不可以被老爷任意蹂躏？“几家商店”可以任意“封闭”，视为“区区”，更大的人民合法权利，何尝不可以被老爷任意蹂躏呢？所以我们对于“区区几家商店的封闭”这一件事，也要看到它所象征的政治上的意义。

根据老爷们的这种看法，民权确是没有保障的必要！例如这两天所谈的，“笔杆暴动”及“青年惨剧”，在老爷们看来只是“区区几个小百姓的被诬”，“区区几个无辜青年的被打死”，都不过是“区区”的无足重轻的小到用显微镜看不见的小事情，何足挂齿呢！这样一来，小百姓们所遭受的祸害，都只是归在“区区”一类，在“国家至上、民族至上”的帽子之下，应该俯首帖耳，绝对纵任老爷们的为非作歹，蹂躏人权，敢喊一声冤枉，便是“颇不以国家民族前途为重”！这样一来，为非作歹的老爷们便可以高枕无忧，在

“国家至上、民族至上”帽子之下，继续实行其一贯的“区区”政策，实行其“官吏至上”“党官至上”主义，政治永远走不上民主的道路，永远走不上清明的道路，“国家民族前途”可以完全让老爷们摧残得净尽，这在真为“国家民族前途”设想的立场看来，不是一个很大的危机，有待于我们共同来克服的吗？

在这个原则之下，我要接着和诸位谈谈“逆流中的一个文化堡垒”。

## 五九　逆流中的一个文化堡垒

我昨天和诸位谈过了“故事的象征”，现在要在这一个观点之下来谈逆流中的一个文化堡垒。在逆流中被摧残的文化堡垒，有书店、报馆、通信社及其他文化团体。我现在所要谈的只是许多被摧残的文化堡垒中的一个，这一则因了它可供作一个代表型的例子，二则因为对于这个文化堡垒，我也是亲自参加的一分子，它被摧残的整个过程，是我所完全熟悉的。

我们要说的这个文化堡垒，就是具有十六年光辉历史的生活书店。关于生活书店，在我所著的《事业管理与职业修养》一书中可以详细知道，该书中的附录《生活史话》，对于该店的历史，尤有详尽的叙述，所以我在这里对于该店的历史不必有所赘述。我所要扼要提及的只是关于这几点：（一）生活书店的精神何在？（二）生活书店在抗战期间贡献了什么？（三）生活书店被摧残的经过；（四）摧残生活书店究竟用了什么借口？（五）援救无效的经过。

生活书店是有着苦干的精神——为文化事业而艰苦奋斗的精神，这种精神是全体三百左右的工作干部所同具的，是十六年来始终一贯的。由这集团的苦干精神和长时期的苦干，才产生了中国文化界一支伟大的生力军。生活书店不是任何个人借以牟利的私产，是全体同事以劳作所得共同投资的文化事业机关，全体同事自理事会主席、总经理至练习生，都是以劳作换得薪水，自食其力，没有一个人于劳作换得的薪水之外，有任何不劳而获的享受。十六年来，所有赢余都滚存加入事业费，连些微的股息都分不到。经济完全公开，每年都有会计师查账证明。由这种完全为文化事业苦干而没有任何个人借以图谋私利，所以能由极小的规模，极微的资金，纯由自力更生的力量，由上海一隅之地，逐渐扩充到分支店共达五十五处之多，遍及于十四省。经济完全公开及为事业而苦干的精神，使每一个同事都把文化事业作为唯一的对象而不怕艰苦，不辞辛劳，只求对中国的文化有所贡献。我们内部长时期的含辛茹苦，只有自己深切知道，有非外人所能尽悉的。例如国军自淞沪撤退之后，我们的大部分干部有疏散到内地各据点继续工作之必要，但是有限资金几全为存货，同事盘费无着，焦灼万状，幸亏临时做了一笔纸生意，赚得三千元，才于万分急迫中勉强疏散。往内地建立工作据点的同事，号称“经理”，实际上等于流亡。因交通拥挤，曾有同事乘船被挤得落下水去，勉强获救，得全生命。有同事因经济苦窘，登岸后即在码头上露宿一宵，然后努力建立新的工作据点，执行“经理”职务。他们所以能有这样苦干的精神，是深刻明了他们的勤苦不是为任何少数人谋利，而是为中国的文化事业奋斗。

生活书店有着合作的精神，这种精神之所由来，是由于该店管理采用了民主集中的原则。我们主张民主政治，在我们所努力的文化事业中，也尽可能采用了民主集中的优点。该店领导整个事业的最高机构是由全体同事选举出来的理事会，处理人事的最高机构是由全体同事选举出来的人事委员会。整个事业的大政方针，重要原则，以及处理人事的规章，都是由代表全体公意的领导机构议决后，交由有关的负责人切实执行。任何一个同事有意见，都有贡献的机会，对于公共的决议，都有服从的义务，对于执行的情形及结果，都有督促及询问的权利。由此造成集体的管理，民主的纪律，使每一个同事都把店务视为自己的事情，都对店的事业关切。当前年“五三”“五四”陪都遭到敌机惨酷轰炸的时候，我们的店已近火焰，当时虽出重资雇工搬移，亦无人受雇，全体同事自动搬移公物及货物至安全地点，使店没有受到一点损失，这种共患难同甘苦的精神，就是出自集体管理及民主纪律之赐。

“生活精神”可在《生活史话》中得知其详，我在本文只撮举最重要的二点：即苦干和合作的精神，并说明这两种精神之所由来。但是出人意外的是后来生活书店的遭难，这两种精神却成为被人造谣陷害的根源。这是后话，且听下回分解。

## 六〇 “生活”在抗战期间贡献了什么?

生活书店在抗战爆发以前，在它所办的刊物上曾经热烈拥护过国民党领导下国民革命军北伐的伟业，曾经热烈参加过全国精诚团结，一致对外，以建立抗战基本条件的伟大运动，这都是国内外千万读者所熟知的。自抗战爆发以来，在极艰苦的环境中，对于抗战国策的宣传与前后方精神食粮的供给，只有扩大工作范围，加强工作效率，竭尽心力，不敢懈怠。所设分支店深入战区及游击区，英勇忠贞的同事冒战地危险而努力服务，屡次有同事押运大量书籍，出入敌人封锁线，将数十箱书籍正在匆促运抵岸上时候，就听到敌人的兵船在后追踪而来，在时间上如略有延误，生命即不免遭受惨祸。我每接到他们的工作报告，未尝不惊叹他们拼性命，冒万险，为抗战文化而英勇奋斗，真不愧“文化战士”之称。有一位同事因忠于职务，在空袭时原已离开工作据点，临时赶回有所布置，不幸惨遭敌机炸毙，尸体分飞，不见踪迹，为抗战文化而牺牲，只留下了一块职员徽章，给予家人及全体工作伙伴以无限的惨痛纪念。在抗战期间，还有几位同事，因力疾办公，在各工作据点奔波辛苦，不辞劳瘁，竟以身殉。

在出版方面，除陆续出版杂志八种，书籍近千种外，曾为一般民众编行《战时读本》及《大众读物》。前者，内容以深入浅出的写法，灌输一般民众关于抗战建国的知识，印数达百余万册，后者为宣传抗战的通俗小册，印数共达三百余万册，这两种宣传抗战国策及建国伟业的通俗书籍，共计总在五百万册以上。加以本店发行网布满前后方，同事服务的切实认真，办事效率的进步，对于抗战宣传的任务，在一个资力薄弱，全靠营业以维持自身生存的文化出版机关，自问实在已尽了最大的努力。此外如广印《蒋委员长抗战言论集》，已接连发行了好几版；又号召广大读者捐款，特为前方将士编行《全民抗战》周刊战地版，分赠各战区的战士阅览，很得到他们的热烈欢迎，纷纷来信要求增加数量，由于我们人力资力的有限，不能尽量满足他们的要求，感到深深的歉疚。总之凡遇与抗战有裨的文化事业，虽在印刷、纸张及运输极艰难的情况中，我们无不全力奔赴。

本店所努力的文化事业既以抗战建国为目标，不但在出版方面竭尽心力，努力奋斗，凡遇党政当局对抗战建国积极方面有所号召，亦无不竭诚响应，不敢后人。试举几个最显著的事实。例如在战时首都，本店在整个首都中第一家奋起响应对于义卖的号召，在结束的时候，并请到党政特派代表莅场监视义卖所得的结算，全数贡献于国家。又例如在前年五六月间，本店已开始被摧残，分店无辜被封的事实已开始出现，但本店对于当时党政五大机关五十万慰劳信的伟大运动，全体同人热烈动员，由本店单独征得慰劳信十三万余封。此事详情，我曾在《全民抗战》周刊上报告，想读者诸君还能记得。我看到全体同人于辛劳办公之余，用实际的行动来响应政府对于加强士气鼓励作战的号召，几于废寝忘食，乐此不疲，不禁发生深深的感动。他们不但本身努力埋头大写慰劳信，他们的妻子、儿女、兄弟、姊妹乃至邻居、亲友都被他们动员起来大写慰劳信。他们不但热烈推动他们周围的人们，而且组织小队到各商店推动店员大写慰劳信。当时以全国为范围的慰劳信预定的总数不过五十万封，而本店以一个小小文化出版机关，能在短短一二个月的时期内征得十三万余封，这在本店全体同人，在被诬被冤被摧残的惨酷情况下，仍然奋发蹈厉，不断为抗战文化而忍痛努力，虽愧贡献微薄，自问尚可告无罪于国家民族。

以上所述的情形，都是根据具体的事实与准确的数字。参加各种有裨抗战的运动，为全国共见共闻的公开事实，出版各种有裨抗战刊物的数量，亦有账册及会计师的证明可查。本店同人共同努力于这一个文化堡垒，常以贡献微薄为憾，绝对不敢自满，也绝对无意表功。不过以数百共患难同甘苦的工作同志，经十六年的惨淡经营，流血流汗，艰苦备尝，由此所辛勤培成的一个文化堡垒，××××××××××××，不得不于万分沉痛之中，略举事实，公告同胞。一个文化堡垒被摧残的事小，由此事实所象征的政治逆流中的文化逆流事大，所以不得不唤起国人的注意，以强有力的舆论，挽救政治上的逆流，由此挽救文化上的逆流。记者之意，固不仅为一个文化堡垒有所痛惜。

## 六一 “生活”是怎样被摧残的?

生活书店在抗战以前及抗战期间，对于文化事业及抗战宣传的贡献，昨日已和诸位谈过大概。现在要略谈“生活”是怎样被摧残的?

“生活”的被摧残，可分为二个时期：第一个时期是自民国二十八年三月起至二十九年六月止，在这一年零三个月的短短日期中，“生活”经十六年的艰苦经营所建立的布满各地的五十五个分支店，除其中有五处系因战局关系而撤退者外，其余被摧残而毁灭者达四十四处之多。至二十九年六月，仅剩六个分店。以六与五十之比，其惨遭摧残的情形可以概见。第二个时期是自民国三十年（即本年）二月起，不及半个月，仅存的六个分店，又接连遭难，被查封与迫令停业者达四个之多。这两个时期中“生活”被违法摧残的详细情形，可著成一厚册的书，现在只能略述概况，以作研究的参考材料。关于第一个时期，有如下的扼要的事实：

（一）浙江天目山临时营业处：该处于廿八年三月八日被浙江省行署无故迫令停业，停业后于十一日由警察等四人将临时营业处封闭，并将职员袁润、胡苏二人强迫押送出境，所有个人行李及公家财货，都被封存。

（二）陕西西安分店：二十八年四月二十一日晚，第×战区政治部、陕西省党部会同警察局，到西安分店搜查，被取去已经内政部审查注册准予发售的书刊一千八百六十册，并将经理周名寰拘捕，一面派警看守，强迫停止营业。至同月廿七日，又来店将全体同事驱逐，不准携带行李。所有账册及现款四百元亦不准携出。至同年五月底，陕西省会同警察局将西安分店的全部货物生财约计四千元，连同现款四百元，及所有账册，全部没收，并“代”向房东取回店屋押金数百元，亦予没收，一切行李桌椅书橱等等，用大辆卡车，轰轰烈烈，满载而去！同时工友苟志汉于五月廿四日被“特务”在途中拘捕，所携价值四百元的非禁书籍（世界文库等），亦无故被没收。苟君被押三日，最后迫写“伏辩”，才得释放。经理周名寰内患肺病，外患瘰疬，屡经医生证明，依法请求保释不许，扣押迄今已逾二年，最近已被送入集中营，备受惨苦。所有被掠夺的西安分店的生财用具，最近知道已陈列在中国文化服务社西安分社应用！

（三）陕西南郑分店：二十八年四月三十日县党部会同警察局搜查南郑分店，被任意取去本外版书籍四五百册，及私人信件等物。五月四日即遭封闭，并拘押经理贺承先。党部检查私人信件及日记结果，认为贺君是一个纯洁有为的青年，劝他入党（没有达到目的）。所有存货及生财用具（连栈房在内），全被没收。

（四）甘肃天水支店：天水支店自二十八年四月至五月屡遭搜查，并无所获，但被强迫迁入陋巷，营业无法维持，已在办理结束。不料至五月卅一日又被县党部搜查，虽仍无所获，但职员阎振业在车站候车，突遭拘捕；经理薛天鹏正在甘谷收账，亦被逮捕入狱。阎君被拘押七十四日，至八月十三日以“无罪”释放。薛君在狱七月余，至二十九年一月上旬亦以“毫无罪状”而恢复自由，惟立即限令出境。

（五）湖南沅陵分店：二十八年六月九日深夜，由县党部会同警备司令部及所谓学生抗敌后援会，到沅陵分店搜查，至十日中午又作一次搜查，前后取去本外版书籍五百余册（也都不是禁书），并将代理经理诸侃拘捕。诸君于当日保释，十一日起继续恢复营业，至十三日县政府无故命令限于三天内收歇，自十六日起遵令收歇。

（六）浙江金华分店：二十八年六月十四日，浙江省党部会同警察宪兵等搜查金华分店，被搜去书刊千余册（其中并无禁书，且有八百余册曾经金华图书杂志审查委员会审查通过的书刊），并将职员阮贤道拘押，判处徒刑六个月。同年七月一日又到店强迫同人于十分钟内迁出，将店与栈房同时封闭。至七月卅日才准予启封，但呈请复业不准，迫令自动收歇。同年九月十一日，阮君以“无罪”出狱。

（七）江西吉安分店：二十八年六月十五日省会警察总

队执行省党部命令，搜查吉安分店及栈房，结果一无所获。至同月二十三日又被县党部等搜去非禁书数册，省会警察总队即勒令停业，于停业后又于同月廿九日遭封闭。

（八）江西赣州分店：二十八年六月十五日，由县党部等到赣州分店搜查，被取去代售的非禁书数册，至十六日被无故勒令停业。

（九）湖北宜昌分店：二十八年六月十七日，湖北省党部会同警备司令部、警察局及图书杂志审查委员会等，同到宜昌分店搜查，被取去书刊一千四百廿三册（其中除本版已经内政部注册准予发售者外，外版书中亦并无禁书），其余均被无故封起，且迫令停业，并将职员杨罕人拘捕。杨君初入本店不久，被押七日，最后党部以三倍多的薪水职业相诱，并加以判罪威胁，被迫于六月二十三日在当地《武汉日报》登刊“悔过”启事（事后杨君无颜再回本店，又没有得到“三倍多的薪水职业”，忏悔万状）！至同年七月二十三日准予启封存货，被勒令自动停歇。

（十）浙江丽水支店：二十八年六月二十六日，县党部会同警察局搜查丽水支店，取去非禁书数十种，声言将重予审查，而同时即将货栈查封，门市亦被迫停业。

（十一）安徽屯溪支店：二十八年六月二十九日屯溪支店未经搜查，即由县政府无故勒令收歇。

（十二）广东曲江分店：廿八年七月八日晚十时，由武装警长一人，带领便衣探员十余人到曲江分店搜查，当即取去非禁书数册，并将店封闭。

（十三）福建南平分店：二十八年十月廿三日中午由当地警察所长“邀请”负责人（经理顾一凡）到县长处谈话，谈话终了，并无罪状可言，即派人与顾君同行返店，将账册银钱及私人行李搬出，然后在店门加上封条，顾一凡亦即被押。他们就所有书籍，各检出样书二本，说要加以“复审”。顾君至二十九年四月十三日才以“无罪”释放，前后被囚禁共达半年。书籍经一再“复审”，至二十九年五月六日，认为无违法之处，才被发还，但不准复业！

（十四）陕西宜川临时营业处：二十九年二月三日，深夜十二点钟，突然有十多位“武装同志”打门闯进，借调查户口为名，将负责人（经理）周军，职员王海瑞、林震东等三人，用绳索捆绑后，解到县政府看守所。至四日下午，经过一番审问后，王、林二人即行释放，周军依然还押。延至同月七日，周君才以“无罪”释放。

（十五）湖南衡阳分店：二十九年二月五日下午六点半，衡阳警备司令部会同警察局、图书杂志审查委员会，到衡阳分店搜查，搜查到深夜十二点，并未检出任何一册禁书，而结果仍然将店封闭，并将职员十一人全体逮捕，拘押于警备司令部。后来几经交涉与疏解，结果十一人在锁链锒铛中押解到耒阳，经过军法执监大堂之审问后，认为“毫无罪状”，才于三月十八日准予交保释放，几经请求复业无效。

（十六）安徽立煌分店：立煌因地处敌后，交通运输本极困难，加以当局凡遇生活书店的邮包，概行无故扣留没收，因此立煌分店已于二十九年三月底开始赶办结束，不料至四月五日因邻居失火而诬本店同事方钧、严永明二人为纵火者，虽毫无根据，结果仍被拘押至警备司令部，且传至军法庭审讯，问题由“失火”事而牵涉至所谓“政治问题”，于是在辗转押解与候讯的复杂情形下，方、严二人一直被囚押至五月廿二日才被认为“无罪”而准予交保释放。

上面撮述的十六个分店，都是在第一个时期中直接受到摧残与打击而被毁灭的，其余在第一个时期中被摧残的都是由于各地当局秉承党部意旨，加以种种压迫而无法继续营业。（例如无故没收非禁书刊，或扣留没收不问内容如何的印刷品邮包等等。）

这是第一个时期中的大概情形。

## 六二　有什么借口？

昨日我告诉了诸位：“生活”是怎样被摧残的。诸位知道了“生活”怎么被摧残之后，接着发生的问题也许是：摧残者方面有什么借口呢？这不但是读者诸友所要提出的问题，也是“生活”被摧残之后，我和全体同事所要追究的问题。我们自己最初也莫名其妙，后来经过直接间接得到中央党部及各地党部的意见，以及所听到的种种谣言，不外下面的几点：

（一）说本店售卖违禁书刊。其实本店自民国二十九年四月份起，即随同出版界同业依照中央图书杂志审查委员会对于一般书业的办法实行，即在二十九年四月以前出版的书籍，除有通令禁止者，已遵令停售外，余均依法售卖；在同年四月以后出版的书籍须一律将原稿送审，本店都随同出版界同业遵令办理，且都有事实案据足以证明。即就本店所有之出版物而论，除所出杂志都在送审后始行出版，至所出书籍，共达九百六十余种，其中被列入禁书者仅有二十六种，而在此廿六种中，尚有廿四种已经审查会审查通过及早经内政部审查注册的，即此占全部九百余种书籍中百分之二的绝对少量的禁书，事实上亦已遵令停止发卖。但是虽在这种情况之下，“售卖禁书”的诬陷，仍源源而来。

（二）说本店以那样少的资本（民国廿四年十二月廿八日向实业部商号注册资本十五万元，领有执照设字第八七六〇号），而能办这样大规模的事业，认为这就可以作为本店必然受了共产党津贴的铁证！这样诬陷本店的话，完全抹煞了本店十六年艰苦奋斗日积月累的历史，一方面他们抹煞了本店历年所办刊物得到广大读者订户巨量资金（订费）的帮助，全体同事省吃省用极力撙节所渐积的资力，一方面他们抹煞了本店历年所得赢余都滚存归入事业资金，完全作为扩充文化事业之用，没有一个人得到什么利润。他们放出谣言，说共产党每月津贴本店十万元。民国廿八年六月间，重庆市党部会同重庆市政府及中央图书杂志审查委员会派员三人亲到本店总管理处审查账册，特别注意经济的来踪去迹，但经二日查核的结果，毫无弊病可言。当时分店被摧残已达十处之多，可是经过这样严密查账证明毫无弊病之后，诬陷的谣言仍不停止，所余的各分店仍继续不断地被摧残着。

（三）说本店在管理上采用了民主集中制，含有“政治作用”，指本店同人自治会的分组（分有卫生、娱乐及自我教育等组，自我教育组并设立读书会，鼓励同人业余看书，并作集体讨论），是“政治活动”的证明。此外各分店每二周举行店务会议，由同事参加工作检讨及商决有关营业上的种种问题，也被视为含有“政治活动”的嫌疑。其实本店自创业以至现在的十六年中，所以能在极省、极俭、极艰苦的情况下，得到全体同人谅解与支持，精诚团结，共同奋斗，就靠这样集思广益，有事大家商量的民主精神，不料竟有人诬为“秘密组织”或“秘密会议”；我曾举出事实亲向当时的中宣部长叶楚伧先生及副部长潘公展先生详细说明，他们听后当面表示谅解，在实际上他们也举不出什么具体事实来证明我们有什么违法的所谓“秘密组织”或“秘密会议”。但是尽管这样，已被封闭分店没有一处被允许启封或复业，所余的各分店仍继续不断地被摧残着。

（四）说本店同事中有人的书信内容被官方检查，发现有与延安通消息的嫌疑，这种诬陷不及上述三种诬陷的普遍，专指西安分店而言。叶、潘二先生曾以西安省党部有此报告，当面告诉我。我说本店并不为同人设立邮电检查所，私人的来往信件向不检查，亦无权检查，而且他们里面有可能有亲友在延安就学，即有通信，我们亦无权禁止，当局如发现个人书信内容有违法之处，尽可依法办理，不应不分个人和机关的界限。如当局发现这是本店的计划，不是个人的行为，请拿出证据来，本店自当负责，受法律的制裁。叶、潘二先生答应再令西安省党部具体查复，但具体查复始终未见，而书店的各分店则仍然继续不断地被摧残着。

## 六三　又来几个故事

谈故事，不要忘却“故事的象征”，否则谈故事便没有意义了。我曾为此点写了一篇专文加以解释，现在又来几个故事，在开场之际，特再提醒这一点。

上次谈过几点“借口”，我已根据事实乃至统计数字，说明其不能成立。“生活”在第一时期被摧残的过程中，有几个故事虽沉痛而却有趣，不妨让记者报告一些。

我在以前曾经说过，“生活”是苦干出身的，全体同人都从苦干中锻炼出来的。我们在天水（甘肃）设的支店，只有“经理”一人，练习生一人。整个的支店，就只由他们两位包办一切，连一个工役都没有，其苦干可知。我所以在“经理”这个衔头上加个引号，是要说这里所谓“经理”，不像别的地方的阔哉阔哉的经理，而是干着苦工的。但是这样的苦干的精神却引起了当地党部的怀疑。他们说从来没有看见过“区区”两个人可以办起一个书店，这一定是共产党的作风！因此他们便毅然断定这必然是“共产党”！从此和我们缠扰不清，威胁房东收回我们在市面所租的店屋，我们不得不在种种压迫之下，忍痛搬到一个弄子里面去，和营业上必需的市面永诀！这还不够，在“陋巷”中营业无法勉强维持，正在办理收歇，经理薛君往甘谷收账，着手关门大吉，终于不免捉将官里去。

他被解到天水，关在县政府的牢狱里，毫无罪证，但却关着不放。凑巧薛君能画，那个牢狱的典狱长是一位爱好美术的先生，对于他的画备极赞赏，彼此感情不坏，薛君在遭难中仍坚守着他的文化岗位，由于典狱长对于他的感情，得有机会教狱中其他犯人识字，深得全狱犯人的敬爱，连派往看守该狱的五个警察都受到感动，说他这样好的人为什么要关起来，自动联名向县长老爷作保，请求释放薛君。这引起了党部和县长老爷的忧虑，说这个人留在狱里大大地不妥。后来薛君无故被拘禁七个月后，尚得勉强被释，也靠着这一点点的“忧虑”作用！

在南郑（陕西）的生活分店无故被封时，正在迁移中，县党部会同警察局，索性把两处店址同时封闭！据说这是依据省党部的密令办理的，省党部的密令有云：“将所有（这二个字重要——记者）生活书店查封。”因此该县有一家寻常的商店叫做“生活商店”，也无故被封，唯一的缘故，是因为在招牌上有“生活”二字，也被归入“所有”之列！党老爷这样横行无忌，老百姓真无噍类矣！有人说党报上对于压迫进步文化事业不是曾经很鄙视地说过“区区几家商店的封闭”吗？南郑的那家“生活商店”既叫“生活”又称“商店”，被“封闭”不也是活该的么？

在南平（福建）的生活书店分店，由当地警察所长“邀请”负责人（经理顾君）到县长处谈话之后，无故被押，店亦被封。当局只是宣言就所有书籍各检样书二册复审，并未发现任何禁书，为什么在“复审”之中即将店门封闭，经理拘捕，这在顾君当然莫名其妙，所以再三向县长等询问真实原因，县长不便说，后来县长左右有一人对顾君说，因为中国文化服务社要在该处设立分社，所以把生活分店封闭。顾君说，既然如此，他情愿将店收歇，即行退出，请求释放，以便照办。那位朋友说既已拘来，没有任何名义而随便释放，于党政方面的威信有损！于是顾君在毫无罪状之下，一关就关了半年，后来还是由于我在中学时代的一个教师，在福建省政府任事，承他接受我的请托，转恳省主席向党部方面说项疏通，斡旋久之，才于二十九年四月十三日“无罪”释放，但“无罪”的书店（“复审”的结果也认为无违法之处，故曰“无罪”）却不准许复业。小百姓的一条“区区”生命得保全，无故被关半年还得“无罪”释放，已是万幸的了。

最后还有一则故事可以一谈。廿八年六月间，重庆市党部会同重庆市政府社会局及中央图书杂志审查委员会派员三人到本店总管理处查账，带了四个盒子炮武装同志光临，其中二人查账，一人对我大问而特问，二日都由下午一二点钟一直问到五六点钟，虽然承他口口声声叫我做“参政员”，但我却恍然好像重入苏州看守所里面对那位官架十足的翁检察官。他们来的时候，我要他们出示公文，他们偷偷摸摸地将公文给我看，不许我抄个底子，即匆匆收回，不肯再拿出来。我只看见其中所说的“罪状”是“生活书店自称公司”云云，我们一向声明是“商号注册”从来没有对任何人“自称公司”，听了真是摸不着头脑！还有几句话也颇奇怪，他说：“如果政府在法令以外叫你做什么，你做不做？”我说：“我不能想象政府要在法令以外叫我做什么，我相信政府叫国民做的事情一定是光明磊落的，为什么不可见于法令呢？”他默然久之，才又噜噜苏苏地问到别的许多话。他们要叫每一个同事分别问话，被我拒绝，我说我是负总责的人，关于本店的一切我可以负责答复，如个别的同事在个人方面有犯法行为，应由法院审问，我不能允许他们越权。他们又要把账册搬运出去审查，也被我拒绝，我说要审查可在本店审查，不能搬运出去。据做律师的朋友告诉我，只有法院可以审查民间商业机关的账册，他们已是冒昧而来，如被搬运出去，更不知他们要任意栽什么赃，所以我坚持到底，不肯通融，同时我望望那四位雄赳赳的盒子炮武装同志，准备他们动手，我就锒铛入狱。但是他们看我态度坚决，抗议的理由充分，也许还加上一些“参政员”的面子，虽悻悻然，还未曾动手。

## 六四 党老爷的“政治哲学”

民主之所以异于专制，法治精神是一个很重要的因素。依法律手续，商业机关或个人有犯法行为，应由主管机关根据事实控告于法院，由法院依法审问判罪执行。依我国已颁布实行的出版法规而论，如书店发售违法书刊，主管机关须先通知该店停售或送审，倘不遵照办理，应依法先予警告，如警告无效，可将事实经过诉于法院，由法院依法审问判罪。现在实际的情形，中央和地方虽各有其图书杂志审查委员会，在表面上虽有公布的审查标准，但是有若干书刊，中央通过地方加以查禁，地方通过而中央加以查禁。在同一中央政府统辖之下的机关，经内政部审查通过准予注册发行的书籍，中央图书杂志审查委员会得任意加以查禁，至于检查机关，不论宪兵、警察、党部、三民主义青年团、审查会、邮检所等，都可以不经法律手续，不问书刊内容，不说明理由，无故扣留没收，私自取去。拘捕工作的人员，全不经法律手续，有的无故被禁闭数月而不加审讯的，有的被囚禁二三年之久而尚未知道犯了什么罪，甚至移送集中营长期锢禁，有的锒铛入狱，而又倏忽无罪释放。还有先封书店，先捕人员，然后审查书刊内容，找寻证据，证据找寻不得，人仍拘押，店仍封闭！凡此种种，都是被压迫被摧残的文化事业机关所亲历的苦痛经验，并不限于在“生活”，我所报告的只是无数事件中的一小部分而已。这种种经验的背后所包含的严重意义，是在责任上应该为民服务的“公仆”视法律为无物，视民命如儿戏：其实这个流行病不限于对付文化界的一个方面。

我们从党报上或党刊上所载党老爷们的意见，常可听到“我们正在为整个民族整个国家争解放自由的今日，个人当牺牲一切自由”的话，作为党老爷们压迫人民摧残文化的掩饰，我们要郑重指出的是：真为国家民族争解放自由的工作而牺牲一切自由，是每一个中华民国国民所愿意的，整千整万在前方为国牺牲的战士，整千整万在大后方忍苦工作的同胞，都是抱着这个态度。但为国家民族争解放自由的工作而牺牲一切自由是一件事，为违法横行的党老爷们的压迫摧残而牺牲一切的自由是另一件事。前者的牺牲是有意义的，因为它能加强国力，争取抗战胜利。后者的牺牲不但是毫无意义的，而且要削弱国力，延缓抗战的胜利。违法横行的老爷们，把自己的违法横行的行为，把自己的压迫人民摧残文化的罪行，统统写在“为整个民族整个国家争解放自由”的账上，借以遮羞掩丑，借以欺骗社会，这是我们做中华民国国民的人所绝对不能承认的，试问，违法横行的党老爷们之压迫人民摧残文化，和“为整个民族整个国家争解放自由”有什么相干?

但是在民主政治未建立以前，党老爷们把“官吏至上”“党官至上”和“国家至上”“民族至上”混为一谈。他们自己的“违法自由”“压迫自由”“摧残自由”，就等于“整个国家整个民族的解放自由”！谁敢站在国家主人翁的地位起来反对这班丧失天良的“公仆”的“违法自由”“压迫自由”“摧残自由”，就被认为是在反对“整个国家整个民族的解放自由”！

这是违法横行的党老爷们的“政治哲学”，但却不是中华民国国民的政治哲学!

党老爷们根据他们自己的这样的“政治哲学”，发出种种“政治理论”，例如他们在政治逆流中摧残了不少文化堡垒，如书店、报馆、通信社及其他文化团体等等，他们却只要在党报上轻轻地说一句:“区区几家商店的封闭！”你看这是多么简单容易！“区区几家商店”算什么！你还是让他们继续违法横行罢!

他们又根据自己的“政治哲学”，听到有人批评他们违法横行，愤然大发雷霆地说："你是在不顾国家民族的利益，撩起衣裳，把自己的肚皮和私处给人透视个痛快。"（见党报。）他们把他们自己的溃烂的肚皮和生毒的私处看作中华民国全体人民的肚皮和私处，由此把他们自己的溃烂的肚皮和生毒的私处和"国家民族的利益"连在一起，视为一物！根据他们的"政治理论"，中华民国国民尽管有着健康的肚皮和私处，可是如要拥护"国家的民族的利益"，便须同时拥护他们的（党老爷们的）溃烂的"肚皮和私处"！这种"政治理论"是中华民国国民所能接受的吗？

## 六五　与中央党部交涉的经过

"生活"被摧残的初期，西安、南郑、天水等处分店被封闭，工作人员被拘捕的时候，我们当时尚以为是地方党部的胡闹，没有想到这是中央党部已定的对"生活"作全国性的摧残的计划，是自上而下的发动，并不是什么地方事件。因此我每次都把无故被摧残的事实，亲往中宣部面告部长叶楚伧先生和副部长潘公展先生，请求他们主持公道，赐予援助。我并向他们提出本店所当坚守的原则，即“服从法令，接受纠正”八个大字。我说明我们自问并没有不服从法令，也没有不接受纠正的事实，但是如果中央党部指出我们对于这二点尚有疏忽的事实，请具体相告，我们当根据“服从法令，接受纠正”的原则，努力改正。叶、潘二先生说这是地方党部的行为，他们不知道，要命令有关的地方党部查明具报，才能决定办法。这话说得很堂皇，我们只得静候“查明具报”。但是中国虽大，官方电信交通未断绝，“查明具报”音信杳然，而各地封店捕人的事实却继续不断地如暴风雨之来临，自二十八年三月至六月间，短短三个月，被封闭或被勒令停业的分店已达十一个之多。我们到了这个时候才深切地感到中宣部负责人尽管推托这是“地方党部的行为”，在实际上已是国民党所已内定的整个摧残进步文化事业的做法，同时我们也得到朋友们谈起从中央党部传出的消息，说中央党部已决定先封闭“生活”的各分店，然后进而封闭我们在重庆的总店，他们而且看到这种密令。此外我们也得到热心朋友的报告，有些地方（如桂林、昆明等处）虽早已接到中央党部的这种密令，因党部中尚有一二良心未尽黑的人士，觉得毫无罪名而加以摧残，未免说不过去，把密令暂时延搁起来。于是我们不再请求也不再盼望中央党部“命令有关的地方党部查明具报”，仍根据“服从法令，接受纠正”的原则，向中央宣传部作整个原则的交涉。叶、潘二先生答应考虑，并面允“在交涉期间停止封店捕人”（在事实上各处封店捕人仍在继续，此点并未做到）。

我们对中宣部的请求是加强原则上的领导，而叶、潘二先生表示党部对于原则上的领导还不能放心，要我们和正中书局及独立出版社联合，在三机关上组织一个总管理处，或成立一个董事会，主持一切，并可增加经费，仍由我主持。他们说这样一则可使党部放心，二则可由竞争而增加效率，三则可免各地方当局对本店为难，得到依法保障的保证等等利益。我对叶、潘二先生诚恳说明这种办法很不妥当，因为此类组织在事实上等于合并，民办商业机关必须与党办机关合并，在法令上并无根据可言，且此种合并与所提种种利益，都无因果关系。党部以后放心与否，可以本店在事实上所表现者为根据，例如以后对于党部所通告的禁书是否再售，所出版的书籍原稿是否送审，都有事实可据。讲到竞争，现在即可在工作上事业上竞争，不必在合并后才可竞争。讲到各地方当局，对合法的文化事业本应予以依法保障，与合并与否亦无关系。

老实说，民办的文化事业机关如“生活”，它不无相当的成绩，就靠它的艰苦奋斗的精神与民主纪律的作风，这是否一般党老爷们所能习惯，实在令人不能无疑，所以我们所感觉严重的倒不是合并，而是在合并后要使十六年来辛苦培成的文化事业被破坏，未免可惜。可是这些话当然不便对叶、潘二先生说明，只得抑压在心头，不胜悲痛之至。

我很诚恳地再三对叶、潘二先生解释：书店事业不外出版书籍，本店所出版的书籍，请中央重行审查，如认为尚有局部不妥当者即照修改，如认为全部不妥者，当即停止发行，至于以后本店在出版计划方面，当尽量与中宣部取得更密切的连络，赞助中央扩大宣传抗战建国工作，如本店过去已出版蒋委员长讲演的《抗战到底》《蒋委员长抗战言论集》，首先响应中央党部号召正在赶印中的《总理遗教全集》（本店对此事的热烈响应，在任何国民党党办的出版机关之先，我们曾听到党部方面良心未尽黑的人士对此事亦曾说过几句公道话），本店所办各杂志首先响应中央党部号召（这里的“首先”也须大书特书，因为也在国民党所办的一切刊物之先），联合特辑《国民精神总动员专号》等等，都为本店已往与中宣部诚意合作的事实表现，以后当照中央指示，继续努力。此外并对叶、潘二先生诚恳表示，中央党部既关怀本店职员的修养方面，每月当由本店召集同人月会一次（本来是出外参加党部所领导的文化界月会），由中宣部派员主讲三民主义及“抗战建国纲领”等问题。

上述的意思，我除当面对叶、潘二先生诚恳说明外，并于七月十日（民国二十八年，在同月八日，曲江分店又被封闭，继续不断被无故摧残的“生活”分店，此时由十一加至十二，但我们仍忍痛送出下述的呈文），缮成呈文送达中宣部，静候批示。但批示永不见来，而所余的各分店仍继续不断地被摧残着。

我在那几个月的生活，回想起来是辛酸的，每隔几日即有一个分店的“报丧”电报呈在眼前，尤使我哀痛欲绝的是艰苦忠贞于抗建文化事业的青年干部一个又一个地被拘捕。我曾经愤然对中宣部负责人提出抗议，说我是本店总负责人（全体同事选举出来的理事会主席），如本店有犯罪证据，应该捕我，绝不卸责，何必摧残许多无辜青年呢？但是这种抗议不发生丝毫的效力。

所余的分店继续不断地被摧残着，至二十九年六月间，五十五个分支店，仅剩六个。在这阶段中，我也曾经请求过国民党中贤明的前辈援助，他们虽同情，无能为力，最后我只得直接写信给蒋委员长，请他主持公道。

## 六六　广大读者爱护支持的文化堡垒

自民国二十八年三月至二十九年六月间，仅仅一年零三个月，“生活”原来在全国各地满布着的五十五个分支店，为全国文化事业最积极、最努力的一个坚强的堡垒，一个又一个地被摧残着，最后只剩下了六个分店。这第一个时期的摧残经过情形，我已大概地奉告了。

由于“生活”十六年来对于文化事业的努力，它得到国内外最广大读者的爱护与支持，在任何据点的“生活”分店，它都有一个一看就知道的象征，那就是每天从早到晚，门市部都源源不绝地拥满着热心的读者和购买书报的人们。黄任之先生在抗战期间，广游各地，看到这种情形，由各地回到陪都后，屡次对我谈起，说他每到一地，凡是有“生活”的地方，总是看到门市部这样的热闹情形，使他受到很深的感动。白健生先生（白崇禧将军）有一位秘书对我谈起，说有一天他陪着白先生在桂林乘着汽车经过一条街，瞥见有一家店的门口拥满着许多出出入入的人，白先生顺口问他的这位秘书什么事，他回答说是“生活书店”的门口，拥挤着的是买书看书的人，白先生不禁惊叹，说抗战期间的文化确是有了很大的进步。曾与记者在英国伦敦大学同学过的郑震宇先生，回国之后也被聘任为国民参政员，他在各地跑过之后，也将这同样的情形，用很惊奇的神情，告诉了我。

“生活”为什么能得到国内外广大读者的这样爱护和支持呢？说来也很简单，它内部的基础建立在苦干的精神和民主的纪律，它外部的基础，除了书刊有着正确丰富的内容外，最重要的是自从生活周刊社成立以来的传统的对于读者竭尽心力的服务精神。（关于这一点，我在所著的《事业管理与职业修养》一书中，曾有较详的叙述，可供参阅。）因此有许多读者简直把“生活”当作他们的“家”，每到一个地方，只须知道那个地方有“生活”分店，他们往往总要想到“生活”。人地生疏，想起“生活”，往那里跑。认不得路，想起“生活”，往那里跑。找不到旅馆，想起“生活”，往那里跑，请代找一个。买不到车票或船票，想起“生活”，也往那里跑，请帮忙代买一张。住址一时不能确定，也想起“生活”，也往那里跑，请有信暂为留下转交，以便自己来取。

“生活”的全体同事都是从苦干中锻炼出来的，也是从社会服务中锻炼出来的。他们对于任何读者委托的事情，只须他们能力办得到的，没有不看作如同自己的事情。不怕麻烦，不厌噜苏，以十分诚恳的同情心，十分严重的责任心，乃至十分浓厚的兴趣心，竭忠尽智，务必为读者办到，然后于心始安。“生活”所以能够“空手起家”，所以能在十二三年内由三个半人的工作者增加到三百人的坚强而勇敢的工作干部，所以能在十二三年中由上海一隅的一家小小的店铺增加到有布满全国五十五个的分支店，这不是偶然的，是由于全体同事在这十几年中流血汗、绞脑汁、劳瘁心力、忍饥耐寒，对于国内外读者竭诚服务的一片丹心赤忱，凝结而成的！

但是这样凝结而成的一个文化堡垒，竟遭受国民党中一部分人的嫉视，加以惨酷的摧残。读者诸友看到我昨日所报告的《与中央党部交涉的经过》，便知摧残者的丧心害理，便知道“生活”是在“服从法令接受纠正”之下怎样被摧残着。所出书刊经政府设立的机关审查通过，数年的账册经党部派人仔细审查过，证明无他，它究竟犯了什么滔天大罪，受到这样惨酷的摧残呢？我曾经为着这件事往访陈布雷先生。陈先生在上海《时事新报》主笔时，我适在该报担任秘书主任之职，我们的私人友谊很厚，我很诚恳地把事实讲给他听，他的答语中有几句特别使我受到很深的感触，他说："韬奋兄！党里有些同志认为你们所办的文化事业的发展，妨碍了他们所办的文化事业的发展。"我很沉痛地对陈先生说，事业发展有其本身积极努力的因素，应该在工作努力上比赛，不应凭借政治力量给予对方以压迫和摧残，这样的作风，在实际上绝对不能促进"党里有些同志""所办的文化事业"。

陈先生是我所敬重的一位前辈，我在上海新闻界工作的时候，承蒙他给予不少的指导与爱护，他对我个人始终是有着深厚的友谊，但是在政治逆流澎湃中，陈先生的"爱莫能助"，我是很知道谅解他的。

我曾屡次说明过，我绝对不是仅仅为着一个"生活书店"的被摧残而作抗议，虽则这个文化堡垒本身上有它应该存在的价值。我们知道"生活"的被无理摧残只是许多被摧残的文化堡垒中的一个，只是人民的民主权利被摧残的许多象征中的一个，只是政治逆流中许多象征中的一个，只是在文化上开倒车的许多象征中的一个。我所以不惮烦地报告“许多象征中的一个”，是希望由此可以唤起国人对于整个政治改革的注意与努力，而不是拘拘于一个事业机关本身的得失。这一点意思，我在本文中也许已暗示过，但因为特别重要，所以不惮烦地又在这里郑重提它一下。

## 六七　与党部“特务”首领的谈话

诸位也许已经知道，中国的“特务”有二大系统：一个是军事委员会的特务，由戴雨农先生主持其事，还有一个是属于国民党中央党部的特务，由徐恩曾先生主持其事。后一系统的特务工作，和我们这一班所谓“文化人”更有着密切的关系。(“文化人”这个名词有人觉得不恰当，以“文化工作者”这个名词较妥，但因为大家说得顺口，就用用罢。) 所以我在“生活”被摧残的第一个时期中，曾经和党部的“特务”首领有过几次诚恳的谈话。

党部的特务总机关，挂的招牌是“调查统计局”。这看上去好像是一个什么经济学专家如马寅初先生之类的埋头研究之所，应该属于中央研究院似的，但在实际上所调查统计的是另一个部门的事情，单有招牌是难明真相的。它在陪都的地址是川东师范，那是一个大规模的山地，树林茂盛，山径曲折，很有 ×××“××”的味儿，具有特殊功用的有名的几个“防空洞”，就在那里面！

事颇凑巧，我和这个“××”上的首领徐恩曾先生私谊不薄。我们以前在上海的南洋大学做过同学，从中学到大学的电机科是同班的同学。后来我转文科，他仍继续读他的“电机”，他在国内毕业后，曾到美国留学，读的也是“电机”。照他所学，应该是一位电机工程师，但是他回国后，尚在内战时代，就钻到“特务”这一部门方面去了。他是CC的亲戚（CC是国内对于二陈的通称，二陈即陈立夫、陈果夫二先生），听说有表弟兄的关系，这也许是他改业的契机。我们彼此间的私人友谊就建立在同班同学的关系上。

徐先生的仪表和他所担任的职务，似乎完全不配合，他的表面上看来是一位温文尔雅的白面书生，他无论穿西装或中装，都漂亮整洁，在学校时，他的房间布置得最整洁讲究，为同学们所赞美。我在陪都和他几次晤谈，有一次无意中问他：“你学的是电机科，应该做一个电机工程师才是，现在却干着××××××××，真是出人意料之外！”他微笑着说：“我有什么办法？总裁一定要我担任这个职务，只有等到革命成功之后，再去干我的工程师罢！我现在已经干了，只有干下去！”

我们有过几次晤谈，有时在他的那个“××”上，有时在他的寓所里（他住在国府路，离开我的寓所学田湾很近）。我们谈时还是老同学的样子，彼此都没有什么拘束。

他对于共产党当然是破口大骂。这是在他的地位有着必然性，诸位是可以想象得到的。但是我不是共产党党员，我没有代表共产党和他辩论的义务，我所要和他说明的是国民党摧残进步文化事业的不合理。我问他：“依我们老同学的友谊，彼此都可以说老实话，你是主持特务的，依你所得的材料，我究竟是不是共产党？”他微笑着说：“我‘跟’了你七年之久，未能证明你是共产党。”我说：“既然如此，你何必对我说了许多关于共产党的话？”他很直率地说：“到了现在的时候，不做国民党就是共产党，其间没有中立的余地，无所谓民众的立场！你们这班文化人不加入国民党就是替共产党工作！”我说：“我的工作是完全公开的，无论是出书或出刊物，无论是写书或写文章在刊物上发表，都经过政府所设立的审查机关的审查，审查通过的文章不能再归罪于我罢？如果我们做的工作是为共产党工作，审查机关是国民党的机关，为什么通过呢？”他说：“有许多事情不能见于法令，与审查的通过不相干，要你自己明白其意而为之。”这句话我无法了解，我只沉痛地感到做今日的中华民国的国民，即在遵守法令的范围内，也不一定能够得到合法的保障。

所谓“明白其意而为之”，大概是“仰承意旨”的意思罢，我老实对他说：“做一个光明磊落的国民，只能做有益国家民族的光明磊落的事情，遵守国家法令就是光明磊落的事情，我不能于国家法令之外，做任何私人或私党的走狗！‘仰承意旨’的玩意儿是我这副硬骨头所干不来的！”

我们虽然是可以无话不谈的老同学，但是谈到这里，至少对于这一点，似乎无法再谈下去了。

关于我个人，他希望我加入国民党，并多研究三民主义。他说：“有许多人看不起三民主义，其实三民主义是全世界上独一无二的好主义，愈读愈有味，愈读愈能发现真理。”我说：“三民主义已为全国人民所接受，只须在实际上实行起来，没有不受全国人民所欢迎的，至于我自己，也曾经读过好几遍，你要我再读，我当然‘愿安承教’的。不过要我加入国民党，也不妨事前和我商量商量，现在无缘无故在短时期内把几十家书店封闭，把无辜的工作人员拘捕，在这样无理压迫下要我入党，无异叫我屈膝。中国读书人是最讲气节的，这也是民族气节的一个根源，即使我屈膝，你们得到这样一个无人格的党员有何益处？”（这里所谓“无人格”是指如果“屈膝”以后，我始终不屈膝，所以我的人格仍在，并非“无人格”，党老爷们不要曲解，特此声明。）

他忽然怒形于色，说我把加入国民党视为屈膝，是在侮辱国民党。我说我正是尊重国民党，所以希望它能尊重每一个中华民国国民的人格。

关于“生活”，他说中宣部主张和党办的正中书局等合并，是表示国民党看得起“生活”，真该赶紧接受！我虽感谢老同学的好意，但却无法“仰承意旨”，不胜歉然！

## 六八　又是几个故事

在“生活”被党老爷摧残的第一个时期中（指民国

二十八年三月起至二十九年六月止，至于第二时期被摧残的情形，当再另文叙述），有若干故事，可以反映中国政治的现实，可以证明我们必须努力中国政治的改革，否则任何进步的事业都没有存在的余地。关于这类的故事，我已略有报告过。现在还有几个故事要补充一下。

我在以前曾经说过，中央党部于前年三月前后，即有密令叫各地当局无故封闭生活书店，但是因为各地党部的作恶程度有着不平衡的发展，有的地方党部有些“同志”的良心尚未黑尽，觉得无故封闭太不成话，把密令暂时搁置了起来，例如广西省党部在这第一个时期中接到中央党部这种违法密令之后，某委员就公开宣言，中央党部自已尚允许重庆的生活书店存在，却先叫广西做恶人，这种事情是他们不愿干的。这样一来，密令就被延搁了不少时候，受党老爷违法摧残而冤死无法申诉的小百姓，得到这位贤明的“同志”的良心所给予的暂时的保障，虽属暂时，我们至今感谢不尽。（听说后来广西省党部被中央党部设法改组，这位良心尚有的某先生被排除，这使我们于不胜感谢之余，更不胜其抱歉。）有的地方的党部或当局真正想到了“礼义廉耻”，接到这种违法摧残民间合法事业的密令，觉得进退两难：要执行罢，似乎在良心上说不过去，不免外惭清议，内疚神明；不执行罢，似乎又犯了违背“政令”的滔天大罪。于是再三考虑之后，想到一个折衷的办法，即不用封条贴上店门，只特派专使，口头嘱令自己关门，也就是所谓“勒令停业”。这比较封闭，物质上可以少受一些损失，但从此关门大吉，总的命运仍然相同。平心而论，这种比较“文明”的违法行为，比西安的省党部那样大辆卡车自由地把一切货物椅桌乃至职员的私人行李铺盖等等满载而去，行同盗劫，那是进步得多了，做“阿斗”的我们实在已经感觉到不胜感激之至，应该歌功颂德一番。

有的地方因军政当局的贤明，对党老爷的横行无忌，也有着相当的制裁力，在这种情况下，遭受无理压迫的“阿斗”，在暂时尚可得到苟延残喘的机会。前年六月间曲江生活分店所遇到的情形，便是一个例子。当时曲江的省党部偷偷摸摸地用一张没有盖印的封条把曲江的“生活”封闭，既而他们不知怎样又想了一下，觉得不妥当，又偷偷摸摸地把贴上的封条取下收回，只用口头对店的负责人（经理）说，要他“自动地”把店门关上，并说省党部对此事当负全责云云。“阿斗”在这种威势压迫之下，无可如何，只得饮泣吞声，乖乖地用自己的手，把自己的店门“自动地”关上，含冤莫白，于无望之中，仍作最后挣扎，向军事当局呼冤。这不是乱呼的，因为当时有抗战坚决素负令誉的司令长官张发奎先生和参谋长蒋光鼐先生。张司令长官适因公往南雄，蒋参谋长知道实情后，即自己立刻用电话找省党部的党老爷说话，他说：“你们不是执行的机关，不应这样目无法纪，胡作乱为，赶紧把生活书店启封！”党老爷在贤明守法的军政当局严厉制裁之下，只得勉强唯唯诺诺，“阿斗”办的文化事业机关才得由棺材里扶了起来。当蒋参谋长打这个电话的时候，李章达先生适在旁听到。（李先生即被国父中山先生派往俄国调查之一人，同时被派的有廖仲恺、朱执信及蒋介石诸先生，详见何香凝先生所著《改组国民党的前后回忆》一文。）这段话的大意是李先生最近亲口告诉我的。

但是“阿斗”虽幸而遇着贤明守法的军政长官，不久以后，又遭受一次的无妄之灾。事实倒很简单明了！有一天，有几位穿黑长衫的不速之客，浩浩荡荡跑进曲江的生活分店，既无公文，也无命令，也看不见没有盖章的封条，立刻把店内的全体同人赶出门外，然后把店门锁上，逍遥扬长而去！衣服铺盖一物不能带出的一群“阿斗”，没有办法，只有再向各方呼冤，当时司令长官张发奎先生已回到曲江，听到这件事，立刻要查明是什么机关干的。问省党部，省党部否认。问警备司令部，警备司令部否认。问省政府，省政府也否认。张司令长官倒也干脆，他说既然没有一个机关承认是它干的，你们尽管开门复业好了。“阿斗”们得到了这几句话的合法保障，才又把已被锁住的门重开起来，又得苟延残喘了一些时候。

在衡阳也演了一幕趣剧。由省党部备一呈文，大意说生活书店售卖违禁书刊，恳请赐予封闭云云，派人持往各公团及各书业机关，叫它们一个个在这呈文上面盖个图章，各该机关见是省党部派来的人（省党部在耒阳，离衡阳很近），不敢不遵命，只得依法炮制，一一盖印，省党部把这个呈文收回之后，即作为各该机关的共同呈文，在该呈文上加上批语，大意说既经该机关等呈文吁请，准予照办云云！他们以为这样一来，就可以把违法摧残文化事业的罪行加在别人身上！这是执行上峰“密令”的又一巧妙办法，可谓煞费苦心了。

从“故事的象征”方面说，违法横行，处处令人对法治和民主忧虑，但在封条上不敢盖印，封了又偷偷摸摸地收回，改用口头私嘱自动关门，用黑长衫不速之客掩人耳目，以及捏造呈文等等，这种种忸怩之态，虽是做贼心虚，但从好的方面看，可以说是多少尚有一些羞恶之心，人性尚未尽失，这一点却是可以乐观的。

## 六九 “诸葛亮”和“阿斗”搏斗

自二十八年三月至二十九年六月间，“生活”的五十五个分支店，因受酷烈的摧残，仅剩下了六个。我把这一年零三个月叫做“生活”被摧残的第一个时期，在这一个时期中，我和“生活”总管理处的几个重要负责同事，每隔几天或一二星期就“铁定”看到又一个分店的“报丧”电报，同时继续不断地奔走呼吁商洽，营救无辜被捕的同事（前后陆续被捕的约四五十人），对于我们的“顶头上司”（中央党部宣传部）也以极诚恳的态度，商量挽救这一个文化堡垒的办法，在这一个时期中，我们收到海内外无数热心读者来信的询问和安慰，得到各方面人士的同情和援助（包括国民党中的贤明的要人及各地方的贤明的军政长官），不胜感奋。即在直接执行中央党部密令摧残文化事业的各地方党部，有的有意延搁，有的改嘱停业，有的尚能顾及“礼义廉耻”，煞费苦心，用着种种掩丑遮羞的办法，使我们深切感到公道自在人心，人生尚非尽属鬼蜮。但是因为我们始终只能限于“服从法令接受纠正”，在原则上接受党部的领导，而在中央党部方面则坚持非由党老爷插足不可，具体的策略是要“生活”和党老爷办的书业机关及出版机关“合并”。无论请任何人出来讲理，我们的立场和办法既合情理，又合法律，中央党部的态度和办法既不合情理，也不合法律（因为根据法律以及国民政府所颁布的任何法令，党老爷绝对无权强迫任何民办的商业机关和党老爷办的机关合并）。我们看过不少的例子，凡是民办的有成绩的事业机关或团体，一被党老爷插足进来，没有不糟，所以我们始终坚持，在法令范围内在原则上接受领导则可，如果党老爷一定要插足进来破坏我们原有的苦干精神和民主的纪律，那就等于毁灭我们十六年来所辛勤培成的文化堡垒，是我们所要抵抗到底，绝对不能屈服的。为着这两方面的见解有着这样的根本的差异，所以虽经屡次的商谈，在党部方面只是敷衍搪塞，一方面凭借他们的政治地位，对于无辜的“阿斗”作更酷烈的压迫与摧残，虽口头答应在谈判期间不再续封书店，不再拘捕工作人员，但在事实上则各地“生活”仍接连不断地被封闭，工作人员仍接连不断地被拘捕。中国有句老话，叫做“秀才碰着兵，有理讲不清”。旧时代的兵不像今天为国家民族努力奋斗的光荣战士，而是凭着暴力欺凌老百姓的家伙。党老爷有权在手，诚心诚意愿受“诸葛亮”领导的“阿斗”，遭受奇冤，也无可如何。英国的拉斯基教授在他所著的《现代国家中的自由》一书中，曾说：“大权所在，如果没有适当的监督机构，终难免横行无忌的。”在今日民主政治的实现之所以重要，原因也就在此。试问党老爷借“诸葛亮”的地位对“阿斗”压迫摧残，无恶不作，嘴上敷衍敷衍，暗中无法无天，你能拿它怎样？

蒋委员长宵旰勤劳，一日万机，对于党老爷们“几家区区商店的封闭”（借用党报的说法），当然顾不了许多，但是因为“生活”在全中国文化界的地位还不算十分的“区区”，所以蒋委员长渐渐也不无所闻，但是党老爷们在这种地方却颇具机智，设法放出更有趣的谣言，说共产党每月津贴“生活”十万元。我在以前曾经报告过，党部曾特派专员到“生活”总管理处仔细查过账，对于经济的来踪去迹，一丝一毫不放松，结果证明“生活”确是靠营业收入来维持生存，完全是自食其力，不像党老爷们办的事业，一来就有乐哉乐哉的津贴。但是那时他们就已在实际上认真实行了“造谣重于宣传”的“政策”，尽管事实早已明显，造谣仍不可少。他们不但造谣传播于一般社会中，并且把这个谣传到蒋委员长的耳朵里面去。××××××××××（××××××××××），××××××××××××××××（×××××，×××××××××），××××××，××××××××××××××××××。×××××××××××，××××××××××。我得到这个消息之后，深切感到党老爷的神通广大，妙法无穷。我明知党老爷自己所办的文化事业不易发展，不自反省症结所在，尽对“生活”垂涎三尺，在这样“弱肉强食”的情况下，“生活”是终于不易保全的，但是我们对于这个无数作家及数百干部血汗所凝成，千百万读者的爱护所支持的文化堡垒，仍不得不作最后的挣扎，姑作万一的希望，于是我决定写一封长信给蒋委员长。结果如何，且待下回分解。

## 七〇 一位“大员”的话

我于民国二十九年六月间写了一封信给蒋委员长，因为听说党老爷对“生活”落井下石，把共产党每月津贴十万元的谣言传到蒋委员长的耳朵里去。信的内容注重说明二点：一点是用出版物的统计数字证明售卖违禁刊物的不确，还有一点是举出党部派人到“生活”查账的事实，证明津贴十万元的不确。关于这二点，我在本文里曾经详细叙述过，在这里用不着重复，在这里所要指出的是我在写给蒋委员长的这封信里，是用铁一般的事实，粉碎了党老爷的诬陷阴谋。平常写给蒋委员长的信，不一定能够直达到他的面前，我们这封信是用国民参政员写给议长的名义，请国民参政会秘书长直接面交议长。

不久得到确息，蒋委员长看到这封信后，叫叶楚伧先生去（叶先生当时为中央党部秘书长），大意对他说生活书店在社会上有着它的信誉，不可弄得太利害，免引起社会的反感（大意如此，词句也许不无出入）。这寥寥几句话，蒋委员长说了之后，自民国二十九年七月起至三十年一月止，在这半年间，党部方面对于所仅仅剩下的六个分店（原有五十多个分支店）暂时停止了封店捕人的事情。

二十九年七月中旬，中央党部方面派了一位“大员”做非正式的代表到“生活”总管理处来看我。这位“大员”在国民参政会中和我有“来宾”和“陪客”之雅，私人友谊很好。他来看我的时候，说是出于私人的友谊，同时也是非正式地代表叶楚伧先生来和我谈谈。他个人的态度是非常诚恳和婉的；但是他的使命，仍然是站在党老爷的立场。

他不知道我们已得到蒋委员长说出了上面几句话的消息，所以在最初一小时余的时间内，仍然强调非与正中书局等合并即继续封店捕人的恫吓。他问我究竟想不想保全“生活”，如想保全的话，非接受这个条件不可，否则蒋委员长已决定把“生活”全部消灭。我心里明明知道蒋委员长说出了上面几句话，这里大概是中央党部的托词，但我当然不便当面说穿，我只说明为着中国的文化，为着“生活”对中国文化有着它的贡献，我们当然想保全“生活”，不愿它“全部消灭”，可是我们所要保全的是精神和实际，而不是躯壳和形式。我直率地指出，“生活”有它固有的苦干精神和民主纪律，有它的种种优点。这种精神和优点是它的事业所以发展的原因，如强迫和党办的机关合并，这种精神和优点必保全不住，“生活”也就等于被毁灭。我对此事看得清清楚楚，所以对于合并于党办机关的建议，始终不敢接受。

大概这位“大员”在来时以前就已打算好二个步骤：第一步骤是对于“合并”的办法再作一次恐吓的尝试，如恐吓不了，再进而尝试第二个步骤，即下面所谓派党代表监督。这位“大员”花了一小时余的宝贵时间，用“不接受即须全部消灭”的恫吓，反复对我开导。后来见我态度坚决，丝毫不为之动摇，他觉得第一个步骤只得宣告破产，立刻作了一个一百八十度的转弯，很天真地说道：“我这次和你商量，与正中等合并的原议可以取消，不过据中央党部的意思，你无论如何，必须接受另一种办法，否则即须全部消灭无疑。”什么另一种办法呢？他接着表示中央党部要派党代表经常驻店监督一切，他再三郑重声明，如果这个办法仍不接受，那就非全部消灭不可。

我说我们只能受中央党部原则上的领导，如发现我们有违法之处，甘受处分，但派党部代表经常驻店监督，出版界无此先例，万难接受。我并说明：办文化事业机关和办百货商店不同，办百货商店只须有资本就行，老板只须腰包有钱，接收几个百货商店，生意仍可兴隆，文化事业机关则不同，须宝贵平日在广大读者间所建立的信誉，倘接受上述办法，势必丧失其信誉，与其丧失信誉而等于消灭，毋宁保全信誉而遭受封闭。

谈到这里，这位“大员”也很天真地表示党代表监督的办法确有困难。他说如果叫他来担任这样的党代表，天天坐在书店受着全体同事的“另眼”看待，把他看作一个敌人，使他坐立不安，终日没精打采，也是干不了的。我听了这位“大员”的这些话，暗中敬佩他的忠厚。如果是别位党老爷，有什么干不了，正是厚脸黑心的作威作福良好机会！

结果，“大员”的第二步骤也宣告破产。

最后“大员”和我谈到哲学。他说最成问题的还是唯物论和唯物辩证法！必须使这个劳什子绝迹于中国，然后才能根本铲除未来的祸患。我说唯心论和唯物论是世界数千年来哲学上争论的问题，加以研究则可，“绝迹”似乎不可能，即中山先生的主义和遗教，也不禁人研究哲学上的问题。“生活”出书千余种，关于哲学问题的书不过寥寥几种，此点并不成问题，惟国民党对于学术思想的研究态度，实有重加考虑的必要。

“阿斗”恭送了“大员”之后，虽感谢他光临的一番好意，但对于中国文化前途的苦难，不胜怅惘者久之。

# 七一　文化封锁

我们读国际新闻，常看到有所谓经济封锁，例如在这次欧战中，英对德实行经济封锁，德也对英实行经济封锁。在中国，花样翻新，党老爷对无辜“阿斗”实行文化封锁！

我昨天曾经说过，自从蒋委员长于二十九年六月底看到我写给他的一封信，叫叶楚伧先生去嘱咐几句话之后，自二十九年七月至三十年一月的半年间，对于五十五个分支店中仅剩下的六个“生活”分店，算是暂时停顿了封店捕人的悲喜剧。这在“阿斗”方面似乎已是意外的幸运，但是党老爷对于“阿斗”“不合并即须全部消灭”的“政策”，在实际上却并没有丝毫放松过，他们在这半年中虽暂时不再用封店捕人的方式来直接摧残“生活”，却拼命用文化封锁的方式来间接摧残“生活”。扼要说来，有下列的种种妙法：

第一，查禁已经审查通过的书籍。这种例子多至不可胜举，如开出详单来，占完本文的篇幅还不够，诸君也没有时间来看，为表示铁的事实起见，随便撮举几个例子罢。例如长篇文艺创作《新生代》，已经广西省图书杂志审查委员会审查通过，领有桂审字第十四号审查证，中央审查委员会却命令查禁。又例如儿童故事《鹰和它的奴隶们》及翻译小说《苏联作家七人集》，都已经重庆市图书杂志审查委员会审查通过，前者领有渝图字第六七八号审查证，后者领有渝图字第九五九号审查证，但先后都遭中央审查委员会查禁。又例如已经内政部审查通过准予注册发行的书籍多种，如《中国不亡论》（领有注册执照警字第九七三八号），《给初学写作者的一封信》（警字第九八四二号），《抗战歌曲第一集》（警字第九八七一号），《中国外交史》（警字第九九七二号），《救亡手册》（警字第九八〇三号）等等，都被查禁。由政府所设立的审查机关，以同一审查标准审查通过的书籍仍遭查禁，审查者不负任何责任，已受审查通过者毫无法律保障可言。在党老爷通过一下，仍查禁一下，似乎是一件"区区"的小事，但是在遵守法令的"阿斗"，按出版地点遵令送审通过的书籍，只须党老爷高兴起来，发出一纸禁令，各地存书被没收的一来就是数千册，被检查扣留的一来又是数千册，这种因遵守法令被摧残的损失，在"阿斗"方面却不是"区区"，是可以想见的。有人说你未免说傻话，党老爷所以要这样干，就是要你受到严重的损失，你尽管遵守法令送审而又通过，有什么相干呢？

第二，由各地驻邮局的检查员、三民主义青年团、宪兵团等等，随意扣留"生活"的挂号邮包（内系邮寄审查通过的书刊），随意扣留用任何方法运输的"生活"出版的已被审查通过的书刊。这第二种办法较第一种办法更进步，因为明令查禁已审查通过的书籍，我们的总管理处和中央审查会在同一地点，可以就近办交涉，他们虽可以故意延挨，究竟不无麻烦，至于由各地检查员或什么团随意将审查通过的书刊扣留，你如根据事实呈请中央纠正，他们复你一个"等候查明办理"，便可一了百了，永远不"查"，永远不"明"，你拿他们怎样（"心心相应"，原来就用不着查明，只是搪塞而已）。关于挂号邮包，邮局向例有通知说明被某处邮局内的检查员扣留，我们函请示明什么机关的检查员，以便向有关机关交涉，他们的回信说检查员的来源甚多，且邮局受嘱不许说明，故无从答复，合并声明云云。这不是更妙的文化封锁办法吗？

第三，密令各地学校乃至党老爷控制得利害的其他机关，禁止阅看"生活"出版的已被审查通过的书刊。这种"密令"有由中央党部发出，有由各地党部发出，有由教育部发出，我们的广大的热心读者广布在各方面，他们往往把这样的“密令”抄寄给我们，有的就把原件寄给我们看。上述机关的“密令”不止发出一次，大概视为一种“常课”，像发疟疾，每隔几时发作一次，我们每隔几时也承蒙热心读者抄示一次。有一次接到热心读者寄示的是教育部“密令”各省教育厅转饬各学校禁止学生阅读《全民抗战》，说该刊是宣传共产主义的刊物！其实《全民抗战》每期都经过重庆市图书杂志审查委员会审查通过的，领有审查证清清楚楚地印在刊上，图书杂志审查会是在中央党部领导下的，教育部不是在打中央党部的嘴巴吗？其实你在《全民抗战》中找不到“共产主义”这四个字，那里宣传过什么共产主义？该刊广布海内外的读者可作证人。但是党老爷写在“密令”上，以为我们看不见，所以尽可昧着良心含血喷人。其实《全民抗战》果有违法之处，尽管明令禁止，何必偷偷摸摸干吗？每期都经过审查会的审查通过，这是《全民抗战》绝对没有违法的铁证，所以摧残者不得不“密”它一下。（我在教育部中熟友不少，曾拜托调查，才知道是由部长的机要秘书秘密发出，真可谓之“密”之又“密”的了！）

他们在这样偷偷摸摸地“密”一下，还不够，各地宪兵看见有人看《全民抗战》竟公开干涉，说这个刊物看不得！

有一位文艺作家在成都车站拿着一份《全民抗战》看，就为宪兵干涉，他深为诧异，一到重庆，就把这件事见告。其他读者举以相告的亦不少。一面予以合法的审查通过，一面无孔不入地暗中摧残，未免太不光明罢！不过我们不胜抱歉之至者，即在如此无法无天的情况下，《全民抗战》在内地的周刊中，销数仍居第一位。

但是党老爷大权在手，用“海陆空”全力（海运、陆运乃至航寄书刊纸版都受到捣乱）实行文化封锁，对于“区区”的“阿斗”当然能给予严重的打击，所以在暂停封店捕人半年中，“生活”这一个文化堡垒仍在极艰苦的环境中挣扎着。

## 七二　今年二月后

自民国廿九年七月至三十年一月止，为“文化封锁”时期，大概情形，昨天已略有报告，“生活”虽因此在物质上受到严重的打击，但因为“生活”有着十六年来长期得到的广大的热心读者之爱护支持，同时国民党中的贤明的分子也有不少暗中给予深切的同情和间接的爱护支持，故“密令”虽多，封锁虽酷，“漏网”仍不无可能。而在“生活”内部，由于十六年来长期中所建立的传统的苦干精神和民主纪律，在极艰苦的环境中尚能共患难，同甘苦，虽在物价高涨而薪水却须大打折扣的苦况下，仍能埋头苦干，毫无怨言。由于这种种因素，“文化封锁”时期，虽为“生活”非常艰苦的时期，但是在全体同事努力奋斗之下，这个文化堡垒仍能勉强维持生存，继续它的文化事业，一息尚存，不敢懈怠。

今年一月间“皖南事变”发生后，全国震惊，政府认为是军令军纪问题，我以为此事与军事有关，固无疑问，但同时除军事的意义之外，显然还含有政治的意义，我们要解决实际问题，必须面对事实，然后才能得到真正的合理的解决。这虽是我根据事实和运用理智所下的判断，但因为当时陪都言论封锁得利害，我对此点也就沉默下来，没有发表过什么意见。这至少表示我没有使“生活”出版的刊物卷入当前任何政治或党派问题论争的漩涡中，让它在勉维生存的情况下继续进行它的通常的文化工作。但是当局在表面上虽强调只是军令军纪的问题，而在事实上的发展却对于进步的发达的文化事业作更进一步的摧残，于是本已停止的封店捕人的作风又死灰复燃。从今年二月八日起至二十一日止，不到半个月，又无故将成都、昆明二分店先后查封，桂林分店被勒令限期停业，贵阳分店则在遭封后，并将全体员工拘捕（连练习生、茶房、厨子都一同请君入瓮），家具现金搬运一空，形同抢劫；同时在二月下旬，我们听到热心友人从重庆卫戍司令部内部得到消息，知道他们已接到封闭重庆“生活”的“密令”，惟应该采用怎样的具体步骤，由该机关斟酌处理。

这是“生活”被摧残的第二个时期。第一个时期有一年零三个月，第二个时期只是短短半个月，这一部分是因为剩下的“生活”分店已是寥寥，一部分也因为进行得更为迅速。在第一个时期还找一些掩饰的办法，如拿出若干已审查通过的书去“复审”，或备好呈文派人叫各公团盖印等等，在第二个时期便干脆得多，由党部所控制的各地审查会会同三民主义青年团，带同几个宪兵或警察把“区区几个商店封闭”就算了事。

在这几幕悲喜剧里，贵阳演得最毒辣，但演的是“独幕剧”，于二月二十日深夜二时，由当地审查会带几个宪警，封店、捕人、搬运所有生财存货及银钱，干得一干二净，办事效率极高，很有“闪击战”的优点！但是演得最热闹和繁复的要推桂林。本年二月十日，桂林当局接到“中央”查封“生活”桂林分店的命令（三民主义青年团中央团部及中央党部宣传部的命令），即约桂林“生活”的负责人（经理）谈话，限令于三日内办理结束。至十二日晚七时多点钟，桂林分店门市部正当顾客十分拥挤的时候，忽有一个穿军服及二个穿便服的，不声不响地私将数十本并非禁书的纯文艺的书籍拿着就走，当时门市部职员认为这无疑是在偷书，即挺身而出，和他们交涉，他们三人才出示名片二张，上书“军委会少校谍务员”及“桂林警备司令部特务连长”。但是既非禁书，当然不得任意带走，职员再三解释，吃了几个耳光，终被自由拿去。事隔半小时，该连长与警备司令部官长多人又重临门市部，进门即大声辱骂本店营业旺盛的景况为“毫无秩序”，并喝令顾客不准将所买的书带走。一会儿又对所有顾客职员的及门市部的情形，分别摄取照相，并迫令读者签名及写明职业住址后方准陆续离去。随后又拥进警察四名，宪兵六名，以及省党部人员三名，将本店职员四人拘去，押在警备司令部，店内留住警察二人及宪兵一人。被拘押的职员四人于当晚十二时释放（因为广西尚有贤明的军政长官，大概发现演得太不像话，从中阻止，所以这幕戏有这样的曲折）。事后发现会计课贮藏现钞的抽屉锁被毁，现款六百元及各项单据已不翼而飞，收发课短少邮票百余元，同人消费合作社所有的肥皂、袜子、牙膏，以及所有的日用品及私人信件，亦都取去。经交涉后，信件“承蒙”发还。大概也是由于贤明的军政长官的纠正罢，司令部某君不敢将上述的照片向上报销，特与桂林“生活”的负责人情商，说这几张照片“生活”取回可留作纪念，照相费五十元还是由“生活”出罢。这位负责人是一个好好先生，为“息事宁人”计，照相费照付，把“纪念的”几张照片留了下来。总的结果，“区区”的这家“商店”当然还是被勒令停业了。

关于重庆“生活”，确息未实现，听说陪都为观瞻所系，寇里来后，又要开国民参政会，有人建议等国民参政会开后再说。在我离渝之后，蒋委员长对“生活”颇关怀，更下手令有所嘱喻（这是出于蒋委员长的好意，详情见后文），所以至今尚在苟延残喘中。

## 七三　最后的商谈

自今年二月八日起，不到半个月，“生活”分店又接连着被摧残了四个，这是“生活”被摧残的第二个时期。到了这个时候，所剩下的只是重庆卫戍司令部已接到“密令”相机封闭的一个重庆分店，和党部的××所不及的海外的一个，经十六年的惨淡经营备尝艰苦所培成的五十五个分支店，可谓被摧残殆尽，“不合并即须全部消灭”的“政策”，在忍心害理，无视法律，不知羞耻，摧残文化事业的文化×××方面，可以算踌躇满志了。

人究竟应该是有若干人性的动物罢，这种忍心害理，无视法律，不知羞耻的行为，我在整个事实完全过去之后，才完全相信应有若干人性的动物竟也有干出这样不要脸的勾当来。但是在二月初旬先后又将成都和昆明的二个分店无故封闭的时候，我仍没有完全绝望，仍以为也许有商谈挽回的可能，我特往访中宣部部长王世杰先生，他同时是国民参政会秘书长，原是熟人。我把党部方面无理取闹的事实告诉他，他说中宣部只管书报内容是否错误，至于书店不是中宣部所管的，封闭书店是军警的事情，更是中宣部所管不到，他冷着面孔推得一干二净。其实我们得到的确息，摧残“生活”的勾当，全是由中央党部密令干的，我后来到桂林后，就地亲自切实调查，即桂林的军政长官亦不讳言，王先生身为负责部长，竟当面推得这样干净，并极力表示中宣部绝无此种命令发出，而且也绝无此意。大概是党部内定的整个“政策”，他也无可如何。我所注意的是国民党党部领导文化事业的整个态度，对于个人原不愿有所苛责。

我听说王先生的事务很忙，中宣部的事情多由副部长潘公展先生主持其事，在访问王部长不得要领之后，几次访问潘副部长，都没有遇到，却见到了中宣部秘书主任许孝炎先生二次。许先生也是国民参政员，所以也是熟友，承他很客气地接谈。他的口气和王先生口气差不多，也是首先替中宣部推得干干净净，说封闭是军警干的，与中央党部无涉，接着也说中央党部绝无此种命令发出，而且也绝无此意，部长和秘书主任说得这样不谋而合，事后想来，使我感到他们大概是经过“集体”商量决定的应付办法。我当时真太傻，还和他辩论，说军警和中央党部尽管是不同的机关，但政府是整个的，国民党是整个的，出版事业既在中宣部管辖之下，应该负起责任，不该如此推诿，他对此点虽表示同情，但仍说这不是中宣部一个机关的事情！结果是摸不着一个负责的机关！实际上我们明明知道“密令”是中宣部发出的，他们矢口不承认，推得干干净净，你奈他何！

许先生究竟是熟友，承他一面表示对于此事完全不知道，一面从袋子里抽出袖珍笔记簿子，把我们所说的成都、昆明的何日被封的事实写了一些下来，自告奋勇地说要替我去查一查。

后来桂林、贵阳二处分店相继被摧残，我第二次再去访问许先生（同时访问潘先生，他又不在），一则问问他查到了什么，二则再探探他有无最后商谈挽回的余地。他说去查了，还没有得复。我说几处“生活”分店的被摧残，为事尚小，值得考虑的是党部领导文化事业的整个态度问题。我问党部是否已经内定，凡不是党部或党员所办的文化事业机关统统非关闭不可。他否认。我说那末民间所办的文化事业机关，既然“服从法令接受纠正”，在原则上接受党部的领导，为什么还不许存在？他没有什么理由可以答复这个问句，只说党里有些同志不了解“生活”，并承他称赞我所著的《事业管理与职业修养》一书，说那里面所提及的“生活”的内部管理法极好，他已决定叫某些党办的机关采用。我一面谢谢他的好意，一面说既然如此，“生活”更无可疑，可否设法保全？他答应俟与王、潘诸先生商谈办法后，再行通知，但是这通知就永远没有来，我知道最后的商谈是毫无希望的了。

## 七四　第二届国民参政会的前夜

第二届国民参政会第一次大会定于本年三月一日起在重庆举行。国民参政会的效果和它的职权很有关系，所以大家对于第二届国民参政会的职权颇为注意。第二届的职权，于原有的听取权（听取政府施政报告）、询问权和建议权之外，加了所谓调查权，而且还只能调查政府交与调查的事情。其实在第一届国民参政会中，如川康视察团之类，就已做过调查的工作。因此，关于职权方面可以说是加而不加。人数虽由二百名加到二百四十名，但是“陪客”的成份较前增加得多，“来宾”的力量当然愈缩愈小。尝过第一届参政员滋味的“来宾”们，鉴于已往的重要决议多是决而不行，或至多仅在“等因奉此”中兜圈儿，加上新的客观条件只有比旧的更差，所以都看得很淡，鼓不起劲儿。据罗隆基先生于将开会前由昆明到渝后的报告，在昆明的几位教授参政员，也多感觉到仅仅粉饰场面，实在没有意思，简直懒得再来到会。但是一般的情绪虽不免这样的低落，大家为顾全“团结”的“形式”计，在二月二十日前后，“来宾”们乃陆续到渝，在野各抗日党派的“来宾”们有多次的聚会倾谈，我每次都参加。大家都深深地感觉到政治的“逆流”的可忧，公决在开会前即有联名写一封信给蒋委员长的必要，内容是对于巩固团结及改善政治，在具体办法方面有所建议。经大家多次的商讨，于二月廿四日下午作最后的决定，参加签名者十六人，除国共二党的“来宾”不在内外，其他在野的各抗日党派的“来宾”都在内，记者亦签了名（当时中共的“来宾”已决定不出席，故未参加；国民党方面虽有几位富正义感的前辈参加，但在实际上不是代表“陪客”）。

我在这几天的心境是苦痛得利害，一方面国民参政会就要开会，我正追随着各位前辈努力于支持“团结”的“形式”，参加应该主持正义的所谓过渡的“民意机关”，一方面却眼巴巴地望着硕果仅存的几个“生活”分店被暴风雨似的摧残着，不但违法背理大封其店，而且违法背理大捕其人！

“团结”作何解释？“正义”作何解释？“民意”又作何解释？有人说你何妨把这件违法背理的事情，在“民意机关”里力求申诉，但是诸君如不健忘我在以前所报告的参政会中的提案在实际上的效力等于零，便知道这个好意的建议是在开着玩笑！

我一方面仍打算出席第二届国民参政会，连着几天追随诸前辈共商大计，一方面忙着请求中央党部予以最后商谈的机会，勿欺凌太甚，勿逼迫太甚。但是我尽管再三声明“服从法令，接受纠正”的原则，他们却一味敷衍，一味搪塞，毫无诚意，既不能指出我们违背法令之处何在，也不能指出我们应受纠正之处何在，只是一面发出密令作酷烈的摧残，一面满口推诿责任，说他们一点不知道。充满正义感的黄任之先生曾亲自询问过潘公展先生，潘先生仍再三声明中央党部绝无封闭“生活”分店之意，完全出于地方上的误会，误会消除，即可无事！黄先生欣然相告，反而觉得我是在庸人自扰似的！

但是书店一个个又被封闭是事实，忠诚于文化事业的青年干部一个个又锒铛入狱也是事实，我又怎能昧着良心，装作痴聋呢？我那几天真是忍耐又忍耐，万分地忍耐着。我有一二天实在觉得忍耐不住，我想××××××××××××中，粉饰场面实在是莫大的罪恶！我向重庆卫戍司令部的稽查处填写表格，请求准许购飞机票（这是在陪都购飞机票必经的手续），以继母在港有病为辞。事后沈老先生劝我还是等到参政会开完了会再说，我又强把出走的意念抑制了下去。我的妻有着稳健的性格，不赞成我在开会前出走，也极力劝我不要过于气愤，我也接受了她的好意。我再忍耐又忍耐，千万分地忍耐着。

但是暴风雨似的摧残来势越来越凶！贵阳“生活”分店在二月二十日深夜即被封闭，而且全体职工无故被捕，而因为邮电均被封锁，直至二月二十三日接到贵阳的热心读者出于义愤的自动的告急信，才知道此事的残酷经过。被迫到这样的田地，我伤心惨目想到为抗战文化而艰苦奋斗的青年干部遭受到这样冤抑惨遇而无法援救，任何稍稍有心肝的人，没有还能抑制其愤怒的。我愤怒得目瞪口呆，眠食俱废！我不自禁地又想到在这种地狱似的凄惨环境中，再粉饰场面实在是莫大的罪恶！我的稳健的妻看到这种情形，她也知道再留不住我，沈老先生看到这种情形，也知道再留不住我了。

这是二月二十三日的情形，我直至二十三日傍晚才决定辞去国民参政员，不能参加这次的会议。

我的动机绝对不是出于什么泄愤的观念。我十分痛心于违法背理的现象，愿以光明磊落的辞职行动，唤起国人对于政治改革的深刻注意与推进。就这一点说，我的辞职和出走，不是消极而仍是积极的。

## 七五　临行的一封信

第二届国民参政会定于今年三月一日开幕，国民参政员须于二月二十四日报到。我于二月二十三日傍晚决定辞去国民参政员，飞机票既不可能，决定乘商车行，为便于出走起见，二月二十四日仍到国民参政会报到，领到一大张冠冕堂皇由国府主席及各院院长署名盖章的聘请状，领到一个新制的参政员徽章，抽签抽着了第二十号的议席，还被一位拿好一架大照相机的中央通讯社特派的摄影员坚邀着拍了一张半身照片，他拍后还很客气地追问一句："邹参政员最近到不到别的地方去？"在他也许是无意中问起，也许是知道了我曾经向重庆卫戍司令部稽查处要求购飞机票，我听了只有笑着对他摇头。

我踏出了国民参政会的大门，匆匆回到家中，已经中午，匆匆吃过午饭，又匆匆出去参加在野各抗日党派的会议，因为那天下午要共同最后决定联名写给蒋委员长的那封重要信。商量定后，依年龄长幼签名，拥有长胡子的大概都签在前面，我也参加了签名。签后当日送出，我回家时已经万家灯火了。

第二日一早有车在南岸出发，我须于当夜（廿四日）四点钟过江赶往南岸，故这一天可说是忙得不可开交。我于会议完毕回家后，即料理行前应该办的一些事情，我拟就了一个辞去国民参政员的电稿（已见前文），并写了一封信留致在野各抗日党派的领袖们，内容如下：

衡山先生并转任之、问渔、御秋、君劢、努生、舜生、幼椿、伯钧、漱溟、表方、士观、慧僧、申府诸先生惠鉴：韬奋追随诸先生之后，曾于二三年来在国民参政会中，勉竭驽钝，原冀对于民主政治有所推进，俾于国家民族有所贡献，但二三年来之实际经验，深觉提议等于废纸，会议徒具形式，精神上时感深刻之痛苦，但以顾全大局，希望有徐图挽救之机会，故未忍遽尔言去耳。惟就韬奋参加工作之生活书店言，自前年三四月后所受之无理压迫，实已至忍无可忍之地步。本会上届第一次大会通过公布之《抗战建国纲领》，明载在抗建期间，于不违反三民主义最高原则及法令范围内，对于言论、出版、集会、结社自由，当予合法之充分保障。此种最低限度之民权，必须在实际上得到合法保障，始有推进政治之可言。生活书店努力抗战建国文化，现在所出杂志八种及书籍千余种，均经政府机关审查通过，毫无违法行为。乃最近又于二月八日至廿一日，不及半个月，成都、桂林、昆明、贵阳等处分店，均无故被封，或勒令停业，十六年之惨淡经营，五十余处分店，至此已全部被毁。贵阳不仅封店，全体同事均无辜被捕。虽屡向中央及地方有关之党政各机关请求纠正，毫无结果。一部分文化事业被违法摧残之事小，民权毫无保障之事大。在此种惨酷压迫之情况下，法治无存，是非不论，韬奋苟犹列身议席，无异自侮。即在会外欲勉守文化岗位，有所努力，亦为事实所不许。故决计远离，暂以尽心于译著，自藏愚拙。临行匆促，未能尽所欲言。最后所愿奉告者，韬奋当仍以国民一分子资格，拥护抗战国策，为民族自由解放而努力奋斗。苟有以造谣毁谤相诬者，敬恳诸先生根据事实，代为辩正，而免于政治压迫之余，复遭莫须有之冤抑。忝在爱末，用敢披沥上陈，诸希鉴察为幸。诸先生为前辈先进，对国家民族尤具无上热诚，必能为全国同胞积极谋福利，再接再厉也。临颖怅惘，无任神驰，敬颂公安！

邹韬奋倚装敬启　三十，二，廿五晚。

我把这封信匆匆写完之后，于当晚十点钟往访黄任之先生，和他告别，并说明我不得不走的理由。回家后已一点钟，匆匆略睡一二小时，四点钟即动身。

蒋委员长于三月四日知道我已离渝，嘱王世杰秘书长用主席团名义，电桂林挽留，听说该电五日下午到桂林，我于当日下午二点钟由桂林起飞，相距大概一二小时（该电原文我至今未见到）。我当然感谢领袖的好意，但我个人进退的事小，而政治作风的改革事大，后一点尤其值得政府的考虑。听说还承蒙领袖下过手令，说生活书店对国家有贡献，叫党部把它恢复起来。（这是确息，但手令原文我亦未见到。）这手令发下之后，至今被搁置，原因未详，但重庆的“生活”分店至今尚得苟延残喘，附近陪都的成都“生活”分店门上的封条被党部会同警察扯下，（但店在实际上仍被封闭着，不许开门营业！）也许还是间接受到领袖的这个手令之赐。

最近有朋友自陪都来，据说在重庆平日被派着监视我的二三位“特务”，因事前未能发觉我已离渝，被拘押起来，至今未被释放，这却是使我感到非常抱歉的一件事，其实怪不得他们，我在陪都时平日光明磊落，事事公开，既无“暴动”阴谋，又无任何其他秘密行动，他们觉得监无可监，视无可视，所以不免松懈了下来。就是我的出走，也是被逼到最后，至二月廿三日傍晚才决定（廿四日深夜四点钟就动身），事出仓卒，我自己也是临时才知道，实在不能怪这几位“特务”仁兄未能事前发觉。所以关于这件事，他们是和我同样受到无妄之灾的！我希望这几位“特务”仁兄早获自由，重见天日，不过同时希望他们出来之后，把工作改换方向，用来对付敌伪，××××××××××××××！不胜馨香祷祝之至！

## 七六　关于态度和主张的补充说明

这是《抗战以来》这一连载长文最后的一篇。我在这一连载长文里面，根据我四年来参加实际政治活动所得的经验和观察，指出这四年来抗战过程中的优点和缺憾，希望由此唤起全国同胞的注意，共同努力于发扬优点而补救缺点，达到政治改革的目的，以作解决抗战期间各种困难问题的先决条件，以加速抗战最后胜利的到来。

这是公开发表的文章，指出优点，固无问题，指出缺憾，似乎有些人感觉到是否要被敌伪利用，其实这一点是不足虑的，因为我对于有关国防及外交秘密的问题，并没有提出公开讨论。所提出的只是关于政治上的某些缺憾，这在各民主国家是可以允许的。缺憾指出之后，能加以改善，正可以加强国力，加速抗战最后胜利的到来，何所惧于敌伪？讳疾忌医，养痈贻患，正是于敌伪有利，于中国何益？试举一二例子以资参证：正在与德国激战中的英国，当内政部长安德生对于防空洞的建筑与管理太坏的时候，英国舆论界不但加以严厉的公开批评，甚至加以严厉的公开抨击，后来英政府鉴于舆论沸腾，毅然改换内政部长，防空洞的建筑和管理得到空前的进步，一般人民因此得到安全的保障。试问他们的这种作风予德国的打击大呢，还是讳疾忌医，养痈贻患，造成如我国的大隧道的窒息惨案，给予敌人的打击大呢？××××××××××××××，曾搜索苏联内部自我批评所表露的种种缺憾，印成专书，以表示苏联的弱点，但苏联却因公开自我批评而力谋改善与进步，终成世界上最强盛的一个国家，反苏出版家能损害它的毫末吗？在实际上，一切还是要看我们自己怎样干。其实对于政治的批评，正是民主政治下国民应有的权利和义务，这事的本身就是民主政治的一个重要因素。某些人栗栗惧怕关于政治的批评，正足以反证政治批评的效力。

有些人认为你有所批评有所建议，尽可写信给有关的政治当局，何必公开发表呢？我们承认少数人写信在某种场合固有其可能的效用，我也曾屡次追随参政会中诸前辈联名写信给蒋委员长，但同时却不能抹煞舆论的效用。例如美国国民写信给总统，动辄数万或数十万人上书总统，但同时不见美国的无数报馆或刊物就因此关门大吉，取消其舆论的动作。尤其是关于政治文化的运动，不是少数人写信所能奏效，必须唤起舆论的力量，形成多数人所认为必要的主张，然后由于群策群力，共同努力，才能达到政治改革的目的。

有些人认为一切等到抗战胜利以后再说。他们根本没有认识中国抗战是半殖民地的解放战争，是持久战，争取最后胜利是要靠着抗战过程中的继续不断的新生力量，因此，政治改革——一切改革的核心——是与抗战最后胜利有不可分离的密切关系。

关于本文的措辞，也许有人觉得太直率一些，甚至觉得太激烈一些。我自问所根据的都是确凿的事实，我自问我的动机是要借此推进政治的改革，是积极的而不是消极的，但是心直口快，生性戆直，确是我生平的缺点，我平日易得朋友的谅解者以此，我平日易于得罪朋友者也在此。我在本文中所最注意的是政治改革的推进，并无意于开罪任何个人，如有因为叙述事实以示“象征”，笔锋所及，不免开罪任何个人之处，那是不胜歉然的。

除了上面解释的几点外，关于我对于国事的态度和主张，已编入本书《附录》。我最近曾与几位朋友发表了一篇《我们对于国事的态度和主张》，那集体的态度和主张，也包括着我个人的态度和主张，在此用不着再有所复述，所以我在这里只想略加补充的说明而已。

第一点要补充说明的是我对于执政的国民党责备特严则有之，但我并不反对整个的国民党，我只是严厉批评国民党中黑暗的一部分。我曾经在本文中屡次提起国民党中有着贤明的分子，所以我在本文中所指摘的“党老爷”，显然不是指整个国民党的全体党员，而只是指国民党中一部分的“吃教骗子”（这个名词是党报自我批评时用过的，我对这种坦白的自我批评，愿表示钦佩之意）。我对国民党中“吃教骗子”所表现的违法背理的作风，曾加以毫不客气的揭露，正是重视国民党，正是希望国民党改善与进步，因为我深信国民党的改善与进步，对于中国政治的改善与进步，有着很大的影响。

第二点要补充说明的是我为着中国政治的改革，对于政府和领袖存着忠言直谏的态度则有之，但我并不反对领导抗战的政府和领袖（即有些人所谓推翻政治中心）。我的这种态度，本文即是证明。我只是强调政治改革的必要，并没有说过一句用非法手段来推翻政府或推翻领袖的话。诚然，我曾经反对以奴才的态度拥护领袖（见《领袖与工具》一篇），也许要引起某些人的不快，但是我始终认为这种反对是正确的，而且我深信国民党的贤明分子也必有同感。

第三点要补充说明的是我对于抗日各党派都一律敬重（国民党中的贤明分子当然也包括在内）。这理由很简单，因为我深信“中国的抗战建国是要由全国各阶层共同努力达到成功的，不是任何一个阶级所能包办的，政党既是为着其所代表的阶层努力奋斗（争取民族自由及建立真正的共和国家，这在各阶层是共同利益），所以中国的民主政治当然是出于多党的方式，而不是出于任何一党的专政”（见拙著《我对于民主政治的信念》一文）。我在国民参政会中，曾有机会与在野各抗日党派的领袖们多所接触，我深深敬重他们公忠为国，比之各民主国的贤明政治家，有过之无不及。我深信各抗日党派的精诚团结，携手奋斗，对于中国政治的前途，必有伟大的贡献。

第四点我要补充说明的，是我对于国家民族的光明前途，对于抗战必胜建国必成的光明前途，有着坚强的信念，虽则我同时并不讳言，在我们共同努力奋斗的过程中，我们有许多困难须要克服，有不少危机须要警觉。我的这种坚强的信念并不是幻想，而是有其事实上的根据，如我在这连载长文中所指出的“震动寰宇的民族战士”“自动奋发的千万青年”“沦陷区同胞的艰苦奋斗”“热烈爱国的千万侨胞”，抗日各党派对于民主政治运动的再接再厉等等，都是事实上的根据。

关于政治改革的具体主张，除请参看《我们对于国事的态度和主张》一文外，拙著《我对于民主政治的信念》（原刊于《世界知识》第十二卷第四期），及张友渔先生所著《我们需要怎样的民主政治？》（原刊于《大众生活》新四号），都可供参考，特一并编入于《附录》内。

我在前面已经说，这是《抗战以来》这一连载长文最后的一篇。我这一长文引起了许多朋友深切的关怀和善意的批评，在这里结束的时候，我要竭诚表示诚恳的谢意，并祝读者诸友健康，为国努力！

## 七七 闹不清的“人民阵线”[1]

上次和诸位谈过共赴国难的党派团结，并说明了党派团结对于加强抗战力量和争取抗战胜利为什么有着密切的关

[1] 此文原载1941年4月13日香港《华商报》，署名韬奋。发表时排序为第六篇，结集时删略，兹据《韬奋全集》补附集末。——编者注

系，现在要连带谈到闹不清的“人民阵线”。

“你白昼见鬼！”这是一句说人毫无根据的胡说八道。说中国有所谓“人民阵线”，这真是一件道地十足的“白昼见鬼”的事情！但是自从有某些另有作用的人积极在中国“提倡”以来，这个名词居然不胫而走，风行一时，家喻户晓，咸使闻知，到现在还是说出来怪响亮似的，因为到现在还有人把这顶帽子硬戴在救国会朋友们的头上。他们硬指救国会朋友们为“人民阵线”，在特务的情报上公然指称“人民阵线”如何如何，在有些人的口头上也公然说“人民阵线”如何如何。我们自己莫名其妙，就是读者诸友有机会听到时，想来也是莫名其妙的。记者有一次和国民党中一位贤明前辈偶然谈起这件怪事，他笑着说道：“他们虽明明知道你们是救国会而不是什么人民阵线，但是这个名词已用得根深蒂固，你们尽管说明，恐怕这顶帽子是永远脱不下了！”绝对不是我们的帽子，一定要万分殷勤地替我们戴上，真觉得却之不恭，但受之又与事实太不适合，却未免有愧。虽然因为这个在中国无根据的名词已被人用得怪顺口了，救国会朋友们里面也有人有时怪幽默地说“人民阵线”以指救国会，但是这个隆重的礼物迄今还在璧谢中。

我们知道人民阵线在资本主义各国都有或多或少的开展，最显著的是在法国。简单说来，自一九二九年资本主义世界空前未有的经济危机爆发以后，因生产锐减，失业激增的原故，各资本主义国家的人民日益不满，于是金融资本为了维持自己的统治地位，往往扶助反动而凶恶的法西斯组织上台或公开活动，对内破坏民主制度，对外准备侵略战争，于是除法西斯组织以外的比较进步的各政党发起人民阵线运动，其宗旨是完全反对法西斯主义的威胁的：对内保卫民主，对外反对侵略战争。像法国的金融资本便资助法西斯分子，如罗克上校等，出来活动，先后经法国金融资本资助而成立的法西斯团体有“火十字团”，“法兰西战斗团”，“爱国青年团”，“法国共济团”等，“火十字团”的首领罗克则竟与希特勒公开往返。一九三五年二月间，法国的这些法西斯团体曾利用斯泰维斯基案，在巴黎举行暴动，企图推翻政府。在这种严重情况之下，法国的广大民众看到要抵抗德国法西斯的威胁，必须肃清国内的法西斯势力，于是由反对法西斯，主张和平（即反对侵略战争），保卫民主的各党各派，捐除成见，于同年七月间成立人民阵线，参加者有社会党，急进社会党，共产党，及其他团体共九十八个单位之多，于一九三六年四月间，众议院改选，人民阵线各政党依合法手续，选举胜利，组织法国内阁。从这个简略的历史叙述中，可以看出：一、法国人民阵线不但不是要推翻法国原有的民主政府，反而是要保卫法国原有的民主政府；二、法国是资本主义国家，有着产生法西斯主义的经济条件；三、人民阵线的目的是在反对法西斯主义的威胁。

在中国，情形完全不同。中国是受日本帝国主义侵略的半殖民地的国家，不是资本主义的国家，根本就没有产生法西斯主义的经济条件。既没有产生法西斯主义的条件，便无从产生什么人民阵线。如指反对侵略战争为人民阵线，那末全中国都是人民阵线了！讲到主张民主，彼此的情形也不相同，法国的人民阵线是要防止法西斯推翻法国原有的民主制度，中国则为努力实现国父主张民主政治的遗教而建立民主。救国会的朋友们主张团结御侮，主张实行民主，改善政治，以加强抗战力量，加速建国成功，对象与外国人民阵线完全不同，领导抗战建国的政府也不是什么法西斯，为什么要替救国会硬戴上“人民阵线”的帽子呢？这不是“白昼见鬼”吗？

当然，闭着眼睛硬把这顶帽子送人的，并不怀好意，他们原不想理会人民阵线的本来意义，只在表面上看到“人民”二字，便以为必然是与政府对立的（其实就是法国人民阵线也只是与法西斯对立而不是与法国政府对立），无缘无故硬把这顶帽子戴上，便可在无缘无故中加上罪状。这在实际上仍然不外乎是一种破坏团结的技术而已。

# 附录

# 我们对于国事的态度和主张

我全民族英勇抗战已近四年，赖前线数百万民族战士及全国同胞的艰苦奋斗，已经奠定了最后胜利的基础。然而敌寇汉奸、民族败类，正出其全力，作最后的挣扎，以图挽救他们溃败的命运。所以胜利虽已在望，但是毋庸讳言，抗战已进入更艰苦的阶段，面临着更严重的危机。

日本帝国主义者近正集中全力，以求结束“中国事变”而遂其巩固亚洲大陆根据地，解除南进绊脚石的迷梦，并进而实行参加再分割世界的第二次大战，这表现在军事方面的特征是：各战场配合发动攻势，加紧“扫荡”，找寻我主力，企图给予致命的打击，动摇我全国军民的抗战意志。这表现在政治方面的特征是：一方面表示积极扶植傀儡政权，诱致妥协分子及失败主义者，加速投降的步伐；另一方面则散布各种烟幕，采取一切手段，促成中国内部的分裂。这表现在外交方面的特征是：以苏日中立协定为烟幕，企图勾结我民族败类，煽起反苏空气，而破坏抗战以来中苏间的亲切友谊，以暂缓南进为香饵，企图离间英美在远东的平行行动，而改变其援华政策。这表现在经济方面的特征是：扩大封锁，流窜掠夺，疯狂轰炸，企图由此遮断我国际输给线，耗竭我物资，并窒息我工业生产机能，从而使我经济无法支持。日本帝国主义者，这些阴谋和策动，自将多少增加我抗战的困难，实不容忽视的。

然而今天祖国抗战所遭逢的危机，不仅在于日本帝国主义者要集中全力以结束“中国事变”，而尤在于国内根本的政治问题始终未曾获得合理的彻底解决。四年来的事实，昭示我们，要争取抗战最后胜利，必须团结和动员全民族的力量，而要团结和动员全民族的力量，主要的条件是实现民主政治。这是全国人民和各抗日党派一致的要求，不幸这一要求显然并未获得积极的反应。由于政治的不进步，民族统一战线只具形式，没有内容，不仅未能逐渐巩固，反而每况愈下，纠纷时起，党派摩擦事件层见叠出。由于政治的不进步，培养反攻的新生力量既受到极大的限制，而在若干抗日部队间，复强分畛域，以致抗战力量，蒙受牵制，甚至互相抵消。由于政治的不进步，战时经济政策无从确立，因而影响到战费的筹措，影响到一般人民大众的生活。总之，由于政治的不进步，一方面未能使全民族的每一分力量组织到抗战中去，而予侵略者以最有效的打击；另一方面则妥协分子及失败主义者，随着抗战的更趋艰苦，而大施其破坏团结，挑拨内战的伎俩，与日汪的阴谋遥相呼应。目前正是祖国抗战能否迅速取得最后胜利，而且是能否继续抗战的重要关头。

民族解放战争是一个伟大而又艰苦的事业。在抗战过程中，必然会不断遭遇新的困难，产生新的危机，这是可以想象得到的。但抗战必须获得胜利，而且是一定能够获得胜利的，因为只要有决心，有热情，有诚意，发挥全民力量，纠正种种缺陷，则困难必然可以克服，危机也必然可以解除。四年来，全国成千成万的文化工作者都抱着这样坚定的信念，各就自己的岗位，在前线，在敌后，在大后方，不顾任何艰难，不辞任何牺牲，为祖国的自由与独立而战斗。文化工作者，对于督促政治进步，宣扬抗战国策，加强内部团结及激励军民抗战情绪，曾尽其最大的努力，这也是不容湮没的。

然而在这四年来，曾不断发生痛心的现象，至最近而愈烈。他们在工作上受到种种阻碍、嫉视、压迫和摧残，行动失去自由，生命遭遇危险。过去在南北各战场艰苦工作，鼓励士气，团结军民的政工队、服务团、演剧队、宣传队等，或被无故解散，或被勒令改组，或奉命停止活动，既不考核功过，也不宣布罪状。服务于各学校机关，各社团的公正人士与优秀青年，一举一动，都受“特务”的监视，根据片面的报告，就有名列“黑单”的危险。拥护团结，坚持抗战，力争进步的书店、报纸、杂志、通讯社及其他文化团体，则封闭的封闭，封锁的封锁，甚至无故拘捕工作人员，囚系经年累月，不经公开审讯。在兰州、西安、洛阳、綦江、曲江等地，则竟有所谓“集中营”和“劳动营”，成为伤害青年身心的修罗场，无数纯洁的青年男女，因同情于进步光明，不满于倒退腐化，即被认为大逆不道。“新四军事件”发生以后，政治上的逆流，更有急转直下之势。即以中外观瞻所系的陪都重庆而言，就有许多无辜而告“失踪”的青年，被送入“防空洞”。而且不仅智识青年的自由安全毫无保障，甚至年高望重为中外人士所敬佩的经济学家马寅初先生，也因暴露发国难财者的罪恶，坚持“有钱出钱”的战时经济政策，而被“遣送前方考察经济”。马先生的下落迄今音讯杳然。其他可悲可骇的事情，仍不胜枚举，但我们不忍尽言！我们所以不得不举出上述几点，无非要使吾同胞明白国内政治环境的一斑，而群策群力，共图挽救。

我们都是手无寸铁的文化工作者。在这样的政治逆流之前，在这样的倒退情形之下，向来在海外为祖国抗战文化而努力的，固已竭尽智力，贡其绵薄；而在后方坚守自身岗位的，则对于最近的痛心现象，缄默于心不安，工作于势不能，不得已忍痛出走，寄身海外，而耿耿此心，始终未忘为祖国之光明而奋斗。我们对于祖国抗战的前途，一点也不消极，一点也不悲观。因为从四年来参加的实际工作中，我们深切了解全国军民的进步，民族意识的觉醒，已使中国成为不可征服的力量。只要能够坚持抗战，只要能够切实执行《抗战建国纲领》，只要能够在政治上力求进步，以保障团结的巩固，我们相信今天的局势虽属万分危急，然而凭着中国民族得天独厚的潜势力与抗战以来已有的进步，必然能够渡过此最艰苦的阶段。这是毫无疑义的。

今天令人痛心的另一现象，是国内的政治逆流，逐渐向海外侨胞中间扩大其影响。对于身居海外拥护抗战的文化工作者，对于坚持团结抗战，要求实现民主政治的忠贞爱国人士，或称为“异党分子”，或竟诬为“汉奸”与“第五纵队”，混淆黑白，颠倒是非，企图由此掩饰国内政治上的倒退黑暗现象，隐蔽抗战危机的严重性，讳疾忌医，杜塞进步之路，而对于潜藏在抗战阵营中的汪逆残余，以及佩戴各种面具的主张妥协分子反熟视无睹，任其混迹市朝，危害国家。对于这种现象，各党各派明达公正之士，固已屡上诤言，即文化界同人亦曾一再呼吁，冀蒙采纳。然而效果未睹，逆流反炽，蒿目时艰，痛心已极，而又不敢自弃国民天职，所以不得不大声疾呼，希望唤起舆论，督促政府，共谋匡救。

为了克服当前的困难，为了保证抗战胜利，我们提出下列几项原则，作为我们对于改革政治的最低限度的主张：

第一，坚持抗战国策，求其更须彻底。抗战虽已四年，国土沦丧已五分之二，将士人民捐躯死难的不可胜数，然而和平传说，妥协空气，有如定期的疟疾，年必数至。我们固深信政府抗战之决心，然而我们亦不得不忍痛以告同胞，迄今抗战阵营中尚潜伏若干妥协主和分子，道路指目，当非空穴来风。故要彻底坚持抗战，必须肃清此等分子，而示天下以大信。

第二，团结须更具诚意。今日口头上无人敢言分裂，无人不吁求团结，然而事实昭示我们，欲求团结之巩固，必先除去阻碍团结的障碍。举其原则言之。一为必须取缔一切助长分裂的宣传与行动，二为遵循民主方式，开诚布公，以谋抗日各党各派间的精诚团结。

第三，民主政治须即实施。尽速成立战时真正民意机关，集全国优秀人才，共主国家大计。“选贤与能，天下为公。”党员包办及用人先问其是否党员的作风，必须迅加纠正。关于人民基本民主权利的言论、出版、集会、结社自由，应予以切实充分的保障。

第四，确定独立自主的外交原则。一国的外交，须以民族利益为绝对的前提，不应追随人后，供作尾巴。我国今当全民抗战之时，固当争取一切外援，以增强我抗战的实力，但是对于助我独多的国家，更当力谋增进彼此间的友善关系。最近一般别有用心之徒，抓住苏日中立协定，而以各种方式煽动反苏宣传，其处心积虑，正要使我与援我最力的苏联关系疏远，而遂敌人的狡谋。是故确定独立自主外交原则，在今日已为迫切之举。

第五，严惩贪污，整饬官常。贪污横行，官常败坏，在今日已为公开的秘密。民怨沸腾，半由于此。今大多数的小民，不得一饱，而发国难财者多则十余万万，少亦数十万，道路指目，人心离弃。过去政府虽有所惩治，然仅窃钩者诛耳，神奸巨猾，未损毫末。今宜昭示大公，严惩著名贪污分子，没收其财产，以裕抗战军费。

第六，对改善民生，宜迅作有效的处置。战时社会经济，应以国防需要及军民生活为前提，应切实执行有钱出钱的原则，防止恶性通货膨胀，彻底实行平抑物价，安定民生，绝对制止私人垄断，囤积居奇，权贵巨宦，有恃无恐，尤须严惩，以平民愤。

第七，解除抗战文化的压迫与封锁。应即启封无故被封的书店、报馆、通讯社等文化团体，解放无故被捕的工作人员，废除摧残青年的集中营，使数万有为青年重新担任抗战工作。取消教育特务化的恶劣办法，以保障讲学研究之自由，保全青年之纯洁人格。

第八，特务工作必须改变方向。特务工作应用以对付敌伪，不能用以统治人民。人权应受法律的保障，人民如有犯罪，应依法审判，不能以特务机关代替法庭，而开宵小假公济私作恶之门。

第九，应切实保障侨胞回国投资，及回国参加抗建工作的安全，保证侨胞捐款的合理运用，制止达官贵人在海外豪奢之生活，以慰节衣缩食踊跃输将的爱国侨胞。

以上诸端，我们认为当务之急，由之则全国团结必能加强，军心民心，必能巩固，抗战必得最后胜利。国事至此，万不能再事因循，深望领导抗战之领袖与政府，以大勇大公之心，毅然决然，当机立断。但使政治进步有望，则我们不但对目前之流离与诽谤，视为无物，即令粉身碎骨，亦甘之如饴，至对于阴谋出卖国家，破坏抗战之恶势力，则一息尚存，誓当与之奋斗到底。我们无时不准备重返祖国，今虽身在海外，亦不愿自安于明哲保身，愿始终坚守文化岗位，追随海内外同胞之后，力争祖国之进步与光明！

韬奋 茅盾 金仲华 恽逸群 长江

于毅夫 沈志远 沈兹九 韩幽桐

民国三十年五月二十九日

# 我对于民主政治的信念

韬奋

## 一 世界潮流与中国

> 世界潮流的趋势，好比长江黄河的流水一样，水流的方向或者有许多曲折，向北流或向南流的，但是流到最后，一定是向东的，无论怎么样阻止不住的。所以世界的潮流由神权流到君权，由君权流到民权，便没有方法可以抵抗。如果反抗潮流，就是有很大的力量像袁世凯，很蛮悍的军阀像张勋，都是终归失败的。

这是国父中山先生在民权主义演讲中说过的一段似乎是常理而却是异常重要的话，尤其是在全中国人民迫切希望民主政治积极开展的今日。民主政治原是历史的产物，在不同的历史阶段，各有其不同类型的民主政治。垄断以前资本主义时代有着它的几个类型的民主政治；帝国主义时代有着它的几个类型的民主政治；在不同的历史阶段中，民主政治也都有着它的顽固反动的障碍物。例如在帝国主义时代，法西斯的摧残民权，便是民主政治的最顽固反动的障碍物。但是世界政治史的总的发展，总是向着更高阶段的民主政治方面迈进，尽管在前进的过程中可能有着某些黑暗时期，可能有着某些相当严重的打击，掩蔽了某些人的理智，动摇了某些人的意志。历史的巨轮，在长期中总是向前推进的，硬开倒车的人终究是心劳日拙，徒劳无功！

去年六月间法国对德屈降之后，有某些人心血来潮，乘机大发挥其“民主政治无用论”，其实法国在准备对敌妥协的以前长时期中，已逐步接近法西斯化，后来到了紧要关头，为着镇压国内的革命危机，更不得不“竭力铲除或消灭议会制度和有产者群民主政治的最后一些残余，因为议会制度和有产者群民主政治的最后一些残余，是能够被劳动大众利用去反对压迫者的”（一位著名的革命者语）。到了现在，事实已非常明显，法国的崩溃不是由于民主政治的无用，而是由于民主政治的不用；不是由于民主政治的向前发展，而是由于民主政治的加速没落。即以尚在挣扎中的英帝国而论，他们的人民的呼吁和政治学者及舆论界的倡导，也认为：“在战争中，武器只不过听命于策略，而策略则必须有一个伟大的观念作为出发点。民主政治的策略背后，其伟大的观念莫过于决定利用战争中所产生的心情，去加深并扩大民主政治的领域。”（见去年十月二十日《纽约时报》所载英国拉斯基教授著《英国政治改革与胜利的联系》一文，并参证今春在英国举行的盛极一时以扩大民主为目标的全英人民会议。）至于美国，罗斯福总统口口声声喊着“援助民主国家”，口口声声主张要使美国成为“民主国家的兵工厂”，已为国人所熟闻；虽在主观上的实际动机是另一问题，但在客观上对于法西斯国家的打击，则为无可否认的事实。讲到苏联，今日在实际上已达到全国人民共享的民主政治，对于反民主是绝对不会同情的，对于各国人民推进民主运动是要加以热烈的同情与赞助，那更是不待言的了。

由于俄国十月社会主义革命的成功，为民主政治运动划一新时代，新型的民主固然是在扩展它的光明的前途（所谓新型的民主不仅指社会主义国家所已建立的全体人民共享的民主，并包括已成为新的世界革命的一部分的广泛民主政治运动），即旧型的民主（指资本主义国家的民主），由于各国人民继续努力，要求“加深并扩大民主政治的领域”，也要逐渐变化它的内容，往更高的阶段前进。

争取民主或加强民主已成为当前世界政治的中心问题。中国是世界的一环，当然不能自外于世界，在这“世界潮流”中，除非自暴自弃，情愿加入“违抗潮流”“终归失败”的反动阵营中去，也必然要“顺乎世界潮流，非用民权不可”（亦国父中山先生语）。这是中国唯一的出路，“无论怎么样阻止不住的”，是全中国人民的实际需要所绝对不许“阻止的”！

我们要认清世界潮流与中国所处的地位！

## 二 实际的需要

国父中山先生在《民权主义》中曾一再指出：“要人民真正有直接管理政府之权”，“要人民有充分的政权，可以直接去管理国事”。他又在《同胞都要奉行三民主义》演词中说：“民权主义，就是要拿本国的政治弄成大家在政治上有一个平等地位。以民为主，拿来治国家。”他又在《民权主义》演词中说："今日我们主张民权，是要把政权放在人民掌握之中……凡事都应该由人民作主的，所以现在的政治又可以叫做民主政治。"毫无疑问地，民主政治在国父遗教中实占着极重要的地位。

就国人所拥护的三民主义原则说，我们固然确信"中国非民主不可"（亦国父语），即就中国在当前所亟待解决的几个实际的问题——有关整个国家民族的几个实际的问题——除了真正实行民主政治外，也没有其他基本解决的办法。现在全国同胞所最须集中努力的是争取抗战的最后胜利，全国同胞所迫切希望的也是要保证抗战最后胜利的必可得到，这是谁也不能否认的。在这个总的目标之下，国人所最关心而在实际上也是最主要的，有三个大问题亟待得到完善的解决：第一是巩固团结问题，第二是加强动员问题，第三是稳定经济问题。而这三个问题的先决问题，是整个政治的改善问题，也就是民主政治是否真能切实施行的问题。

试就第一个问题说，我们想到巩固全国团结，一致对外，必然要连带想到国内政治上各党派团结的问题，尤其要连带想到国共团结的问题，这种现实的重要问题，如得不到相当的解决，尽作空论是无补实际的。笔者因在过去二三年间曾参加国民参政会，在会内外与各党派的领袖们（当然是指拥护抗战国策的各党派）多有接触的机会，对于促进党派团结这件事，也曾经追随诸先辈竭其绵薄，深知他们一致认为民主政治的推进，实为党派团结的基础。关于国共问题，从一方面说是军令军政的统一问题；从另一方面说，也必须在整个政治加强民主化的情况下，军令军政才更能收到实际的功效。在第一届国民参政会第四次大会中，各党派及无党派的参政员曾经针对这个问题，通过了这样的一个要案："（甲）治本办法：一、请政府明令定期召开国民大会，制定宪法，实行宪政；二、请议长指定参政员若干，组织国民参政会宪政期成会，协助政府，促成宪政。（乙）治标办法：一、请政府明令宣布全国人民除汉奸外在法律上其政治地位一律平等；二、为应战时需要，政府机构应加充实并改进，借以集中全国各方人才，从事抗战建国工作，争取最后胜利。"关于治标的二点，因有关于最当前的政治，在实际上包括容纳各党派的贤智之士，共同参加具有实权实效的政治，故在议场上曾经过空前的热烈辩论。这个决议案现在固然只是一张废纸，但是巩固团结和民主政治的实行有着不可分离的关系，这个原则却是略知中国政治内幕者所公认的。

其次就是第二个问题，自抗战开始以来，军民的动员固有相当的成绩，但在今日抗战踏上更艰苦的阶段，对反攻日人以尽全功，需要更广大的动员。在民众动员方面是否已尽量发挥其自动的精神，尽量贡献其组织上工作上的伟力？在役政方面是否已能切实贯彻政府所规定的办法，减少人民不必要的苦痛？这都是明了实际状况者所认为必须力加检讨，速谋进一步的改善的。而这些方面的改善，都不是仅由一纸政令所能奏效，必须通过民主政治的实施，动员人民的协助与监督的伟大力量，才能收到充分效果的。

再讲到第三个问题，有人认为中国抗战了三四年，人民在生活上才感到物价增高，生计不易，这是中国地大物博，得天独厚，所深可自慰的。但是目前的经济问题却不因过去的聊可自慰而消灭！一方面上层分子的发国难财，穷奢极欲，挥金如土；另一方面薪水阶级的入不敷出，往往尽一月薪俸所得，尚不足作全家买米之用，其他生活上必需费用，更无从说起。就人民生活方面说，这种现象已有不可久拖而必须设法补救的形势。就国家战时财政说，尤有通盘筹划，积极改善的必要。其实，据经济专家所谈，这都不是没有办法解决的问题，问题却在有了办法之后是否能够切实执行，这便与政治的改善发生着连带关系，也与民意对于政治的有效督察发生着连带的关系了。经济问题，分析到最后，还是政治问题！

## 三　问题的症结所在

关于中国民主政治的推进，有二个基本认识非常重要：一个是中国民主政治的特点；还有一个是民主政治的实际执行。

当前世界上有资产阶级在实际上专政的民主，有无产阶级专政的民主，有资产阶级专政的反民主（纳粹与法西斯）。中国依实际的需要和国父遗教的指示，都不该走上反民主的道路，这是无人可以否认的，所以随着的结论是中国不该采用德意式的一党专政制度。在另一方面，中国也不是无产阶级专政的国家，这也是无可否认的事实，所以随着的结论是中国也不能采用苏联式的一党政治制度。中国的抗战建国是要由全国各阶层共同努力达到成功的，不是任何一个阶级所能包办的。政党既是为着其所代表的阶层而努力奋斗的，（在争取民族自由及建立真正的共和国家，这在各阶层是共同的利益。）所以中国的民主政治当然是出于多党的方式，而不是出于任何一党的专政，其为多党制，与资产阶级在实际上专政的民主显然也不是相同的。蒋委员长于去年十月间曾面告到渝视察的上海《大美晚报》主笔高尔德说，中国要采用的是多党民主制（见去年十月十一日香港《大公报》专电），这个卓识是完全根据中国的实际情形，是完全正确的。中国政治的光明前途，必然是建立于全国各阶层共同参加努力的真正全民的民主政治。

其次，所谓民主政治的实施，固然需要促成真能反映民意保障民权的宪法和各级真能反映民意保障民权的民意机关，但是尤其重要的，是要全国注意民权保障之真实执行，否则将来即令有了完善的宪法和选出的民意机关，宪法也只是具文，民意机关也徒具形式罢了！明白了这一点，我们便须不仅注意未来的宪法与民意机关问题，同时必须注意当前的民权保障及政治改善的问题。例如民国二十五年公布施行现在仍应有效的《中华民国训政时期约法》第八条明明规定：“人民非依法律不得逮捕、拘禁、审问、处罚。”并载明：“人民因犯罪嫌疑被逮捕拘禁者，其执行逮捕或拘禁之机关，至迟应于二十四小时内移送审判机关审问，本人或他人并得依法请求于二十四小时内提审。”第十四条明明规定：“人民有结社、集会之自由，非依法律不得停止或限制之。”第十五条明明规定：“人民有发表言论及刊行著作之自由，非依法律不得停止或限制之。”又例如第一届国民参政会第一次会议通过，经政府公布施行的《抗战建国纲领》，第二十六条明明规定：“在抗战期间，于不违反三民主义最高原则，及法令范围内，对于言论、出版、集会、结社，当予以合法之充分保障。”又例如上面曾经提及的第一届国民参政会第四次会议通过的当前应即立刻实行的二点治标办法。我们为推进民主政治，以加强抗战力量，加速建国成功，首先必须严密注意政府在事实上的措施是否符合于这类的规定，我们必须根据国民的立场，用种种方法督促这类规定的实行。这是国民的权利，也是国民的责任。在政府方面，对于国民的这种督察的态度，不但不可发生反感，而且应该诚恳容纳，积极整顿。这样政府与人民共同努力，最低限度的民权得到切实的保障，然后才有发扬民力改善政治之可言。

根据世界潮流、国父遗教及实际需要，中国必然是要走上民主政治的康庄大道，这是无可怀疑的。我们必须认清中国民主政治的特点与切实执行的重要，群策群力，促其实现。

民国三十年三月二十七日

# 我们需要怎样的民主政治？

张友渔

在中国，目前，没有人敢公然反对民主政治。因为中国需要实现民主政治，不仅是广大民众所要求，而且为友邦人士所期望。那些一向鼓吹法西斯主义，诋毁民主政治的人们，在这样的内外压力之下，特别是友邦的压力之下，也不得不把民主政治当做口头禅了。

然而他们决不是翻然悔悟，真正鄙弃专制主义而拥护民主政治。他们是要把民主政治的外衣掩蔽专制主义的丑相，即国父中山先生所曾指摘的“假民治之名而行专制之实”。他们说，中国已经实现民主政治，一党专政就是民主政治，这是有组织的民主政治，是最新式的民主政治，是适合中国国情的民主政治，因此，民众不必再要求什么民主政治，而友邦也不必怀疑中国不是民主国家了。

实际，“挂羊头卖狗肉”的把戏，决不能骗人到底。生活在实际政治之下，受着实际的影响的广大民众是会清清楚楚地了解，这是不是民主政治？中国不需要民主政治则已，既需要民主政治，那就必须拿出货真价实的民主政治，不能拿民主其名，专制其实的赝品来混充。

那末，我们需要怎样的民主政治呢？原则上说，就是汉奸、亲日派除外的全民政治。《中国国民党第一次全国代表大会宣言》曾说："近世各国所谓民权制度，往往为资产阶级所专有，适成为压迫平民之工具，若国民党之民权主义则为一般平民所有，非少数者所得而私也。"又说："民国之民权，惟民国之国民乃能享之，必不轻授此权于反对民国之人，使得借以破坏民国。详言之，则凡真正反对帝国主义之个人及团体均得享有一切自由及权利，而凡卖国罔民以效忠于帝国主义及军阀者，无论其为团体或个人，皆不得享有此等权利。"这就是说，国民党所要求的民主政治原是除"反对民国之人"外，政权为"一般平民所共有"的民主政治，在现在，就是汉奸、亲日派除外的全民政治。它决不能是政权为"少数者所得而私"的一党派、一阶级的专政，更不能个人的独裁。具体说，即它不能是资产阶级专政，也不能是无产阶级专政；它不能是资产阶级大地主联合专政，也不能是工农民主专政；它不能是国民党一党专政，也不能是共产党一党专政；它应该是汉奸、亲日派除外，包括一切阶级，一切党派的统一战线的，民主集中的抗日政权。

这种民主政治的具体内容是什么？主要的是，第一，必须召集真能代表全民的民意机关。这一机关不仅有选举官吏之权，而且有罢免官吏及创制和复决法律之权。此外，一切有关国家大计和人民权利义务的重大问题，像变更领土、宣战、媾和、大赦、戒严、缔结条约以及预算、决算和发行内外公债，增加税捐等一切财政案，都应该由这一机关作最后决定。现在的国民参政会只是政府的咨询机关，不能算是民意机关，因而也就不能说有了国民参政会，便是实现了民主政治。

这样的民意机关，它的产生，决不应该由政府指派，也不容许由少数人包办，而必须实行无性别、种族、资产、信仰、教育程度、社会出身乃至居住年限等限制的普选制。国父中山先生是始终主张实行普选制的。他在同盟会的政纲中，便已主张："凡为国民皆平等，皆有参政权。"所谓"皆有参政权"，非实行普选制怎能做到？十三年改组后中国国民党政纲中更明白地提出："实行普遍选举制，废除以资产为标准之阶级选举。”如在经过多年训政的今日，“全国军民莫不拥护三民主义”，而仍不肯实行普选制，这能说是忠于中山先生吗？

有人会提出所谓“事实上的困难”，作为反对实行普选制的理由。他们说在抗战期间，事实上，不能实行普选。我们不明白这有什么根据。在大后方，不是要推行所谓新县制吗？当然实行普选制的困难是不存在了。在战区乃至敌后，据我们所知，像河北、山西、山东、江苏、安徽等地，都已部分地实现了民主政治，都已存在着经过普选而产生的民意机关和政权机构，为什么参加全国民意机关的代表独不能经过普选制产生呢？这只不过是安坐在后方享受，不了解战区实际情况的人们的错误的推测罢了。若说交通不便，则中央所派的党政机关既能深入敌后，民意机关的代表当然也不难来到中央了。成为问题的，只是我们现在迫切需要一个代表全民的民意机关，而经过普选制产生这一机关为时较缓，颇有远水不救近渴之感。那我们主张在普选进行中，先采取如下的过渡办法：即根据中山先生民国十三年关于国民会议的主张，由各政党，各团体，各大学，各军队选举代表，执行民意机关的职权，到经普选而产生的民意机关召集为止。但应该注意的，是中山先生所谓“共同反对曹、吴各军”，显然是指当时国民党及奉、浙各派的军队而不是指这些各党派的军队内的各师各旅。因此，现在要各部队选举代表也只能以各党派或不属于党派的地方军队为单位，而不能像《国民大会代表选举法》所规定的那样以各军队内的师、旅、团、营为单位。又中山先生所谓各团体原无一定的限制，更无所谓合法不合法，只要“认定是很完全，便可参加会议”。在现在，则只要是抗日团体，而且真有群众，便可参加这一机关。此外，中山先生没有提到各民族的代表，似乎也应加以补充。如因这样的机关也还不是立刻所能组织成功，而要开一个更便于救急的药方，则可由各抗日党派各自推选一定额数的代表组织一种会议，暂时代行民意机关的职权。因为党派是阶级的前卫，每一党派都代表着某些阶层的利益，故以党派代表会议暂时代行民意机关的职权，虽不是完善制度，但总比在一党操纵下的，作为政府咨询机关的国民参政会要好得多。

第二，不仅要有民意机关，而且要由民意机关产生民主政府。在中山先生的遗教中，我们到处可以看到民意机关产生政府，监督政府，制驭政府的主张。政府要有能，人民必须有权。但是现在，政府是否有能？我们不愿多说，而人民没有权则是事实。经过多年训政，早应还政于民的国民政府，依然在继续把握着政权。它由国民党产生，受国民党控驭，人民只能接受它的训导，服从它的命令，而不能直接对它的行动有所过问和干涉。这造成了政治上的重大弱点和严重危机。我们决不愿诋毁政府，更无意抹煞政府的一切。但目前政治经济上的不进步，已引起全国人民的不满而影响到抗战的前途，却是不可掩蔽的事实。只有由民意机关产生民主政府才能挽救这种危机。一党专政的政治制度是必须废止的了。它不能代表全民的利益，它排斥了党外的人才。中山先生虽曾主张以党治国，但他自己解释得很清楚，是以党义治国而不是使党员作官。现在，不是"全国军民都已拥护三民主义"吗？为什么还不还政于民呢？所谓还政于民并不是使国民党完全放弃政权，根本不过问政治。国民党是国内的第一个大政党，它代表着一定的社会阶级的利益，它一定能在民意机关和民主政府中，占着一定的地位。假使如国民党自己所宣称的那样，真能得到多数人民的拥护的话，政权在实际上，还不是经过选举仍归自己掌握吗？怕什么？

在民意机关还没有能够成立，由它产生民主政府还没有实现的期间，我们主张暂由党派会议产生包含国民党及其他一切党派的过渡政府。这可以代表多方面的利益，网罗多方面的人才，巩固全国的团结和合作，并增强政府在政治、经济各方面的效能。

第三，是必须彻底保障人民的自由权利。保障人民的自由权利是民主政治的主要内容，同时，也是保障民主政治的基本条件。不能保障人民的自由权利，则所谓民主政治便是假的。中山先生对于这一点，认识得非常清楚，主张得非常坚决。他在民国十二年一月的国民党宣言中，曾说："确定人民有集会、结社、言论、出版、居住、信仰之绝对自由权。"又在国民党政纲的对内政策中说："确定人民有集会、结社、言论、出版、居住、信仰之完全自由权。"既说是"绝对"，"完全"，当然是必须保障而不可轻易侵犯的了。像目前这样摧残人民的自由权利不仅证明目前的政治决不是民主政治，而且也证明当局的措施妨碍着民主政治的实现。《抗战建国纲领》第二十六条明白规定："在抗战期间，于不违反三民主义最高原则，及法令范围内，对于言论、出版、集会、结社，当予以合法之充分保障。"但现在我们并没有获得这种保障。我们要求民主政治的内容必须包含对于人民自由权利的保障。

最后，必须在均权主义的原则下，确定中央和地方的权限。即中山先生所说，不采取中央集权制，也不采取地方分权制，而是采取中央和地方均权制。以中国幅员之广，人民之众，边疆各地少数民族之存在，特别是抗战以来，随着战事发展所引起的各地情况的变化和发展的不平衡，而要实行绝对的中央集权制，不赋予各地方以适当程度的自治权，则其结果，必且阻碍了民主政治的普遍发展。民主政治的含义决不仅限于有一个全国性的民意机关，民主的中央政府而已。各地方也必须同样有各级的民意机关，民选政府。因而各地方自身就必须享有适当的自治权，而不能仅是一个行政区域了。

以上所举各点，就是我们所要求的民主政治的内容，这并不是不可能实现的，只要我们努力的话。

# 韬奋生平与著述简表

1895年　11月5日（农历乙未年九月十九日）出生于福建永安。祖籍江西余江。原名恩润，乳名荫书。韬奋为其笔名。

1900年　全家迁往福州。父亲为他“发蒙”。

1909年　考入福州工业学校。

1912年　到上海南洋公学下院（附小）读书。

1914年　升入南洋公学中院（附中）读书。

1915年　在《学生杂志》上首发文章。

1917年　升入南洋公学上院（大学）电机工程科学习。

1919年　开始在《申报·自由谈》上发表文章。9月考入圣约翰大学文科三年级，主修西洋文学。开始试译杜威的《民本主义与教育》。

1921年　7月毕业于圣约翰大学。先后在厚生纱厂、上海纱布交易所任英文秘书，在申报馆帮助处理英文函件。

1922年　担任中华职业教育社编辑股主任。

1923年　《职业教育研究》由商务印书馆出版。与叶复琼结婚。

1925年　《生活》周刊创刊。从第1卷第2期起，为之撰写文章。

1926年　10月接办《生活》周刊。从第2卷第1期起开辟《读者信箱》专栏。与沈粹缜结婚。

1928年　译作《一位美国人嫁与一位中国人的自述》由《生活》周刊社出版。

1929年　译作《一位英国女士与孙先生的婚姻》由《生活》周刊社出版。

1931年　《小言论》第一集、译作《一个女子恋爱的时候》由《生活》周刊社出版。

1932年　《生活》周刊销数增达155000份。7月生活书店正式成立。参与发起筹办《生活日报》。《最难解决的一个问题（信箱汇集之一）》

由生活书店出版。

1933年　参加宋庆龄、蔡元培、鲁迅发起的“中国民权保障同盟”，当选为执行委员。7月14日，从上海乘意轮佛尔第号流亡国外，先后到达意大利、瑞士、法国、英国，随程撰写通讯《萍踪寄语》。《韬奋漫笔》《小言论》第二集、第三集由生活书店出版。

1934年　考察法国、比利时、荷兰、德国，到苏联访问考察。《萍踪寄语》初集、二集由生活书店出版。

1935年　赴美，对美国社会做深入考察和研究。8月27日抵达上海。《大众生活》创刊。与沈钧儒、马相伯等组织上海文化界救国会。《萍踪寄语》三集由生活书店出版。

1936年　11月与沈钧儒等救国会领袖在上海被捕，后移至苏州看守所羁押。在看守所动笔撰写自传《经历》。《大众集》《坦白集》由生活书店出版。

1937年　7月韬奋等“七君子”获释。11月乘轮前往香港。《读书偶译》《展望》《经历》《萍踪忆语》由生活书店出版。

1938年　主编《抗战》《全民抗战》等。

1939年　4月当选为生活书店总经理。译作《从美国看世界》《苏联的民主》由生活书店出版，《韬奋时事论文集》由中流书店出版。

1940年　《事业管理与职业修养》由重庆生活书店出版。

1941年　2月秘密离渝，流亡香港。撰写长文《抗战以来》，连载于香港《华商报》，8月由华商报社出版部结集出版。

1942年　香港沦陷，流亡广东等地，考察苏中、苏北抗日根据地。

1943年　耳疾恶化，诊断为中耳癌，回上海治疗、手术，以化名不断转换医院。

1944年　开始撰写《患难余生记》。7月24日晨7点20分逝世于上海医院。10月1日重庆各界隆重召开追悼大会。11月22日延安举行追悼大会。